张家玮——

著

与大学生谈节日

有节有理

人民出版社

序

　　家玮出书，请我写些鼓励的话，我欣然答应，看到我们这支队伍里有越来越多的人笔耕不辍、主动发声，我这个在学生工作岗位上耕耘三十几年的老兵很是欣慰。

　　我和家玮初识是在 2017 年第九届全国高校辅导员年度人物的评审现场，我是评委，在听家玮述职时，我得知他在网络上发声已经坚持十余年，写了不少博文，也拥有了一批拥趸，能把一件事情做好做实做细，并且做出成绩，说明他从内心热爱青年学生，热爱辅导员这份职业。

　　"不忘初心，方得始终"这句话大家都很熟悉，恐怕"初心易得，始终难守"这句话大家就比较"陌生"了，它是"不忘初心，方得始终"的下一句。这句话道出了"初心"的可贵，"始终"的不易。家玮能够十多年如一日做一名辅导员，并且做一名与时俱进的辅导员，这种坚守靠的是什么？应当说"初心"是他坚定的信念，实现"初心"并且支撑"始终"的则是他的学识。

　　这些年，家玮在自媒体上围绕学生思想政治教育这个主题写了不少文章，这些文章很好地引领了学生的成长，一些文章写得很有见地、很有水平。由此折射出的是家玮对学生教育培养的负责精神。在家玮看来，哪怕牺牲自己再多的时间，只要有益于学生，一切付出都是值得的。这也表明家玮总是带着问题在思考、在学习，我非常赞同辅导员都能这样带着问题工作，并把自己的思考上升到理论，再运用到学生教育培养当中。后来，家玮入选教育部"高校思想政治工作中青年骨干"、教育部"高校网络教育名师"，这也是对他坚持网络思政教育的肯定。2019年3月18日，习近平总书记在北京主持召开学校思想政治理论课教师座谈会，在现场，我看到了他的身影，能够代表天津高校辅导员参加如此高规格的会议，这既是对他辅导员工作优秀的褒奖，也是对广大辅导员的鼓舞和激励。

培养担当民族复兴大任的时代新人，是党的十九大提出的一项重大战略任务。青年学生是实现中华民族伟大复兴中国梦的主力军，是时代新人的主体力量。培养什么人？怎样培养人？为谁培养人？这是完成立德树人根本任务必须回答好的问题。对于今天的中国来说，教育不仅仅承载着传播思想、传播真理、塑造灵魂的时代重任，更承载着服务中华民族伟大复兴的重要使命。辅导员的自身修养与人格魅力对大学生有很大的影响，眼里有光，能扩展工作的宽度；心里有情，能增加工作的温度；手中有"技"，则能增强工作的厚度。在新时代，辅导员一定要担负起给学生的心灵埋下真善美的种子的使命，点亮学生理想的灯，照亮前行的路。要充分利用网络提供的平台把学生吸引到我们的身边。也希望家玮在网络思想政治教育这条路上走得更远。

我把自己出的五本书送给了历届辅导员年度人物，家玮也在其中，我在书的扉页写上"坚持"二字，这是我发自肺腑的嘱托，因为"没有爱，便没有教育，辅导员就是在学生心灵上撒播爱的种子的人"。

大连海事大学马克思主义学院二级教授、博士生导师、

最美奋斗者、第七届全国道德模范、全国时代楷模

目录 CONTENTS

CHAPTER 3

第三章　特定人群节日

CHAPTER 4

第四章　主题性节日

引　言

说起这本书，要谈到另一本书。

时间回到 2016 年，五四青年节，那天见证了我的第一本书《节节向上：怎样把节日过得有点意义》。总的思路，就是以节假日为轴线，把青年学生感兴趣的话题与节日的前世今生相融合定期做推送，也产生了一些稍有影响的作品，顺便还打造了一个栏目："节日谈"。

新书出版后，送了一本给家玮，他想法很多，说自己也想写，能不能就用这个形式再谈一遍。

有些顾虑，也有些怀疑。

顾虑内容，怀疑耐心。毕竟很多节日已经写了一遍，重新更换内容二次填充，想写出新意不太容易，能把一年 30 多个重要节日写下来，更不容易。

所以，我以为家玮只是说说而已。

幸好，他并不是说说而已。

几天后，我们看到了他的第一篇节日谈《儿童节里谈成长》，无论文章影响还是阅读口感都是上乘之作。

"靡不有初，鲜克有终"。有了良好的开端，并不意味着后面的进程会顺风顺水，过程中的斟酌纠结往往是外人不太清楚的。

完成一个主题的系列文章除了需要文采、勇气和兴趣，更重要的是需要坚持。一年那么多节日，选哪些节日？选定了节日，如何吸引人看？别人写过了，怎么谈出新意？两三个节日接踵而来，怎么安排节奏？实在找不到灵感，要不要暂停一下？

"看似寻常最奇崛，成如容易却艰辛。"我想，这大概是一个较劲的过程，跟自己的储备较劲，跟自己的承诺较劲，跟自己的惰性较劲，跟自己的灵感较劲。

当然，较劲的过程其实也是修炼的过程和成长的过程。

一年的时光给我们呈现了一系列的节日随笔，也奉献给读者一本诚意之作。

说起网络思政教育，家玮算是先行一步，后知后觉。说到先行一步，他从研究生时就开始运营博客，聊人生谈理想，十几年来一路坚持不容易；说到后知后觉，是因为他对阵地的选择犹豫不决。在我们相识的 2016 年，他还没有自己的公众号，在我们都已经体验完了"人人网"的时代，他还是坚持用博客推文。他的犹豫是容易理解的，从经营十年的阵地转战到新领域，会有坚守，也会有不舍。

好饭不怕晚。2016 年 6 月 12 日，我们终于看到了"家画佳话"这个优质高产的原创微信公众号异军突起，看到了他的性情、才华和不经意间流露的智慧诙谐。

家玮 2017 年获得"第九届全国高校辅导员年度人物"，2019 年入围"高校思想政治工作中青年骨干"，能够在那么多优秀的同仁中脱颖而出，能够赢得专家和评委认可，很重要的理由就是他多年来坚守思想政治教育的付出和实实在在的业绩，这些沉甸甸的荣誉是对他这些年坚持和奋进的褒奖与肯定。这些年来，以家玮为代表的辅导员同事们从线上到线下，从文字到影音，从单向到多维，从星星点灯到繁星满天，越来越多的辅导员在思政育人的道路上越走越开阔。

"海内存知己，天涯若比邻。"和家玮见面不多，但只要在一个城市，总会相约小聚，而友情和谈资的底色，是我们陪伴学生成长的青春岁月。

也正是小聚之时，家玮告诉我书要面世了。

有欣慰，有开心，有敬意，也充满祝福。

因为过去我们曾经见证那一路风景。

更因为相信未来，我们会见证更多。

徐川

南京航空航天大学马克思主义学院

党委书记、教授、博士生导师

第一章

中国传统节日

有节有理——与大学生谈节日

元 日

（宋）王安石

爆竹声中一岁除，春风送暖入屠苏。

千门万户曈曈日，争插新桃换旧符。

百节年为首，春节是农历新年，又叫元日，由帝舜兴起的祭神祭祖活动，至今已有 4000 多年历史，春节凝聚着中华传统文化的精髓，延续了炎黄子孙几千年的美好期盼。

春节是中华民族最隆重、最热烈的传统佳节，这期间，全国各地都会举行带有浓郁地域特色的庆祝活动，以除旧迎新、驱邪攘灾、拜神祭祖、纳福祈年为主，热闹喜庆。春节是一个阖家团圆的节日，贴春联、吃饺子、煮年糕，家人围坐一起，其乐融融。春节也是一个走亲访友的节日，亲朋好友之间相互拜谒、互道祝福，祝愿彼此。无论是传统意义上感恩上苍的馈赠，还是今天感恩家人的支持、朋友的帮助，懂得感恩，才能让我们的春节更富有人情味、幸福感。

"治身莫先于孝。"感恩父母，是中华孝道之本。羊有跪乳之恩，鸦有反哺之义，更何况人，父母给我们生命，养育我们成长，指引我们人生方向，我们慢慢长大，他们慢慢变老。回想起孩提时父亲陪着我玩滑梯，我高兴得合不拢嘴，妈妈背我去上学，我趴在她的肩上听故事，我也经常想起在大雪纷飞的夜晚，父母接我放学回家，雪地里深一脚浅一脚的场景。"哀哀父母，生我劬劳。"昔日点滴就像放电影一样浮现在眼前。父母送给孩子礼物的时候，孩子是笑的，当子女送给父母东西时，他们哭了，父母把自己的爱全部给了子女，却没有想得到任何回报。感恩父母，不仅体现在物质上，还体现在精神上，不光是礼物，更是关心，是陪伴，是主动融入父母的生活，也要让他们参与到你的生活中来，一个电话，一次视频，一场旅行，陪伴才是最长情的告白。

"明师之恩，诚为过于天地，重于父母多矣。"自古以来，感恩老师就是被大力提倡的，"魏昭熬药""程门立雪"流传至今。毛泽东小时候在家乡念私塾，当时有一位老师叫毛宇居，毛泽东很敬重这位老师，1959 年毛泽东回到故乡，请韶山的老人吃饭，他将毛宇居安排在上座，并第一个向他敬酒，毛宇居激动不已，连忙起身谦让："主席敬酒，岂敢岂敢！"毛泽东回答说："敬老尊贤，应该应该！"毛泽东与徐特立的师生情谱写了中国教育史上可歌可泣的光辉篇章，徐特立 60 岁的时候，毛泽东写信向老师表示祝贺，贺信说："徐老同志，你是我二十年前的先生，你现在仍然是我的先生，你将来必定还是我的先生。"在徐特立 70 岁的时候，毛泽东当时要求不给领导祝寿，但是他给自己的老师祝寿。时间在变，身份在变，但毛泽东尊师敬贤、感恩老师的态度始终如一。

感恩是一种道德素养与做人修为。青少年在成长过程中受到过许多恩泽，有国家的培养、师长的教诲、同学的扶持，还有遇到困难时朋友的帮助，对他们来说，懂得感恩不单是回报父母养育之恩这么简单，更是一种责任意识、自立意识、自尊意识和健全人格的体现。我国已经建立完善的困难学生资助政策体系，帮助经济困难的学生顺利完成学业，在帮助他们实现大学梦的同时，更是精神上的鼓励和鞭策，使他们在感受到温暖的同时深知自己身上承载着很多人的关心和期望。感恩教育是学校德育教育永恒的主题，感恩教育不是浅层次的教育，而是培养学生与人为善、助人为乐的品德，希望受助者能将爱心传递接力，学有所成后用知识回馈社会，有余力时再去帮助他人。感恩是一种情操，一种美德，也是一种境界，一种素质。

感恩是一种积极情绪。懂得感恩的人，更容易获得幸福感，因为他们不去斤斤计较，内心永远充满正能量。数学家华罗庚曾说道，"人家帮我，永志不忘；我帮人家，莫记心上。"互帮互助更多的是看情分不是回报，感恩也是心理上的认同而不是交易，帮助他人，能感觉到幸福和成就，把向别人伸出援手和给予鼓励视为最大的快乐，哪怕对方没有立刻表现出感激之意。虚构的地址，虚拟的姓名，从1999年开始到2018年，化名"顺其自然"的好心人，已经连续20年通过汇款的方式向宁波慈善总会捐款1054万元，"顺其自然"始终不透露自己的真实信息，每次都是在固定的时间段，在不同的地点默默奉献爱心。帮助他人不求名与利，施恩不图报更是美德。

知恩图报、守望相助的中华传统美德，更是现代文明社会的标志。2020年的春节注定非比寻常，由于新冠肺炎疫情，很多人放弃了团圆，或投身于抗击疫情的一线，或主动隔离防止病毒扩散，14亿多中国人，以同舟共济的精神、不屈不挠的意志赋予了春节更浓厚的家国情怀。为防止疫情扩散，一个千万人口的城市以"壮士断腕"的勇气主动"封城"，上演了可歌可泣的一幕，武汉人民的自我隔离是对全国人民做出的贡献。"封城"不是"围城",而是众志成城,武汉不是"孤城",而是全国人民关注的中心之城,一方有难,八方支援,隔离病毒,但绝不会隔离爱。在阖家团圆的除夕夜,解放军的 3 支医疗队星夜兼程,驰援武汉,同在除夕夜,知音湖畔的火神山医院施工现场如火如荼……哪有什么岁月静好,只是有人为你负重前行,上万名医务工作者在一线同时间赛跑,与病魔较量,感恩"最美逆行者",为了人民的安全他们将自己置身最前线。

感恩祖国,因为祖国强大,人民才能幸福生活。饮水思源,才会永远不忘本,才会常怀报国志。"国不宁则家难安,家难安则民无居。"近代以来,中华大地曾经一度陷入混乱之中,积贫积弱的国家被任意欺凌,经过艰苦卓绝的抗争,才建立了人民当家作主的新中国。中国人民深知,只有国家独立,个人才能自由,才能幸福。"我要牢记党的恩情,永远跟党走,听党话。我要为党和人民做出我应该做的事,奋斗一生。"94 岁的老战士张富清这样说。一颗对党和人民感恩的心坚定了他的信念,从枪林弹雨到国家建设,隐姓埋名,奉献一生。青年学生要从中汲取力量,将感恩之心转化为建设祖国的强大动力,当祖国需要时,挺身而出,不畏艰险,永怀对祖国的感恩才能将强烈的爱国情感转化为实际行动。

2014 年,习近平总书记到呼和浩特市儿童福利院看望残疾儿童,在听到孤残儿童齐声唱起《感恩的心》时,他动情地说:"有一颗感恩的心很重要,所有的人都要有感恩的心。"爱你就等于爱自己,关心别人等于关心自己,全社会都应该大力弘扬感恩风气,给这一传统文化赋予新的时代内涵,将其发扬光大。

正月十五夜

（唐）苏味道

火树银花合，星桥铁锁开。

暗尘随马去，明月逐人来。

游伎皆秾李，行歌尽落梅。

金吾不禁夜，玉漏莫相催。

"灯笼会，灯笼会，灯笼灭了回家睡。"小朋友们打着灯笼边喊边跑，谁的灯笼被碰烧着了寓意谁就有福气，嬉笑玩闹的场面汇聚成元宵节一道美丽的风景。元宵节又名上元节、元夕节，是春节后的第一个重要节日，很多人习惯把正月十五当成过年的结束，所以格外重视，元宵节从饮食、风俗到文化内涵都有着其他节日无可比拟的地方。2008年6月，元宵节入选第二批国家级非物质文化遗产。

"过年无年味"是近年来比较热的话题，有此认同的人不断增多。有人把原因归结于餐桌，过去只有年节才能吃肉，现在条件好了，味蕾没有刺激，所以年味就淡了；有人把目光放在春晚，认为过去的舞台精彩纷呈，现在的节目味同嚼蜡；有人抱怨禁放烟花爆竹，过去鞭炮齐鸣、年味浓浓，今天无声无响、了无生趣；还有人归结于手机，过去一家人团聚，说说笑笑、温馨幸福，今天显然一个红包或者一张福卡更吸引人。

既然无味又为何忙碌？从除夕贴春联、挂年画、贴窗花、包饺子、关门守岁开始，一个漫长的活动拉开帷幕，初一给长辈拜年，初二回娘家拜年，初三开始走亲访友、四处串门，初五"送穷，迎财神"，初七踏青，初八赶庙会，初九俗称"天公生"，正月十一"子婿日"，一直到正月十五，在传统文化与风俗习惯的影响下，人们的脚步就没停歇过，几千年的沧桑岁月，中华文明始终是华夏儿女心中割舍不断的情愫。

中华优秀传统文化已经成为中华民族的基因，植根在中国人内心，潜移默化地影响着中国人的思维方式和行为方式。过年的诸多传统习俗来源于我国几千年的农耕文明，先秦时期民间流传的《击壤歌》完整地概括出中国人的生活习惯，"日出而作，日入而息，凿井而饮，耕田而食。"唐代李绅的诗"春种一粒粟，秋收万颗子。四海无闲田，农夫犹饿死。""锄禾日当午，汗滴禾下土。谁知盘中餐，粒粒皆辛苦。"反映了农民的艰辛与收获粮食的不易。

农耕社会经济落后，条件艰苦，人们往往在年节中才能吃到肉，也正是因为这种对生活改善的向往才使得人们对年更加重视，早早做准备。"腊月二十四，掸尘扫房子"，人们借"尘"与"陈"的谐音表达除旧的意愿。"腊月二十五，磨豆腐，接玉皇"，这一天要好好表现，博取玉皇欢心，祈福来年风调雨顺。"腊月二十六，杀猪割肉"，这一天要筹备过年的肉食。"腊月二十七洗疚疾"，洗澡、洗衣，除去晦气；"腊月二十八，打糕蒸馍贴花花"；"腊月二十九，上坟请祖上大供"；等等，中国的农业文明创造了时至今日仍沿袭遵循的传统风俗。

元宵节有 2000 多年的历史，汉文帝时将正月十五定为元宵节，汉明帝下令百姓挂灯敬佛，是赏花灯的创始人，汉武帝是正月十五祭祀天神的倡导者。元宵之夜，大街小巷张灯结彩，人们吃元宵、赏花灯、猜灯谜，有的地方还要划旱船、闹社火、踩高跷、耍狮子，将从除夕开始的庆祝活动推向又一个高潮，诗人张祜还原了唐朝节日的盛况，"千门开锁万灯明，正月中旬动帝京。三百内人连袖舞，一时天上著词声。"从字里行间能感受到万人空巷的热闹。

闹花灯是元宵节传统习俗，始于西汉，兴盛于隋唐，并沿袭传于后世。"火树银花合，星桥铁锁开。暗尘随马去，明月逐人来。"体现了唐朝元宵灯市的盛况。宋朝的元宵夜更为壮观，"灯火家家市，笙歌处处楼。"明朝将元宵放灯从三夜改为十夜，以歌舞升平显示国富民强，到了清朝，宫廷虽不再办灯会，但民间灯会却仍然壮观。

元宵节灯市在《水浒传》里出现过三次，是着墨最多的节日，分别在清风寨、大名府和东京汴梁，从文字里分别能感受到小城镇、大城市及首都对元宵节的重视。《北京的春节》是老舍的名作，描述了北京灯节喜气洋洋的景象，"元宵节处处悬灯结彩，整条的大街像是办喜事，火炽而美丽。有名的老铺都要挂出几百盏灯来，有的一律是玻璃的，有的清一色是牛角的，有的都是纱灯。有的各形各色，有的通通彩绘全部《红楼梦》或《水浒传》故事。公园里放起天灯，像巨星似的飞到天空。男男女女都出来踏月、看灯、看焰火。"著名作家沈从文曾写过一篇散文叫《灯节的灯》，将过节观灯的历史娓娓道来。元宵节赏灯为中国文学、中国诗词提供了丰富的素材与灵感。

春秋时代的"隐语"，到汉魏时被称为"谜"，南宋有人将谜语写在灯上，赏花灯、猜灯谜让元宵节的气氛更加热闹，由于灯谜难以猜中，如同老虎难以被射中一样，所以也称为"灯虎"。传统灯谜是中国独创的文学艺术，谜面讲究一定格式，体现了劳动人民的聪明才智和对美好生活的向往。猜灯谜是一和乐趣，全家一起动脑筋，猜对后兴高采烈地去兑奖，奖品不是圆珠笔就是水果糖，奖品虽小但过程有趣。

传统元宵佳节的习俗符合今天人们在物质、精神等方面的诸多需求，元宵节最具代表性的食物，南方称汤圆，北方叫元宵，尽管在原料、外形上差别不大，但实际上在做法和口感上都有不同。吃元宵的最早记载见于宋代，当时称为"浮圆子"，民间流传了很多关于元宵的神话，比如"白蛇吃汤圆成仙""东方朔与元宵姑娘"等。在古代，元宵是一种非常珍贵的食品，我们从姜白石的诗中能找到答案，"贵客钩帘看御街，市中珍品一时来。帘前花架无行路，不得金钱不肯回。"元宵制作方法虽南北各异，但已成为老少皆宜的普通食品，全家人在一起吃汤圆，寓意和睦相处，团团圆圆。

随着中国传统节日振兴工程的推进，我们弘扬中华优秀传统文化的活动越来越丰富，宣传内容、形式不断创新，力度不断加大，以元宵节为代表的中国传统节日正走向世界。2017 年，美国总统特朗普曾专门发信"祝愿中国人民元宵节快乐"。越来越多的外国人爱上了中国节，包饺子、舞狮子、放鞭炮，感受浓郁而热烈的传统中国年味儿，各种民俗所体现的万象更新、阖家团圆的价值观，更能够让外国游客感受到美美与共、和而不同等中华文化精髓以及朝气蓬勃的发展面貌。

中共中央办公厅、国务院办公厅印发《关于实施中华优秀传统文化传承发展工程的意见》，其中写道，"坚持交流互鉴、开放包容。以我为主、为我所用，取长补短、择善而从，既不简单拿来，也不盲目排外，吸收借鉴国外优秀文明成果，积极参与世界文化的对话交流，不断丰富和发展中华文化"。传承发展中华优秀传统文化，要不忘本来、吸收外来、面向未来。文化交流是不同国家沟通了解的渠道，2011 年 10 月 1

日，美国纽约时代广场的户外显示屏上，孔子以水墨动画的形象出现，与穿梭的现代人群相得益彰，从 2004 年起，我国在全世界开办"孔子学院"，不断增进世界各国、各地区人民对中国文化的了解。孔子学院已成为举世瞩目的文化交流平台，世界正在刮起一股"中国风"。

在建立中华文明主体性的同时，要以"海纳百川，有容乃大"的气度辩证地看待西方文明，"吸取精华，剔除糟粕"，才能建立坚实的文化自信。中国自古就有"和而不同""天下大同"的格局，在 5000 年的历史长河中，中华文化广泛吸收了其他文明的优秀成果，推动了自身的不断发展。习近平总书记在敦煌考察时特别强调文化交流的重要性，指出，敦煌文化是中华文明同各种文明长期交流融汇的结果，我们要铸就中华文化的新辉煌，就要以更加博大的胸怀，更加广泛地开展同各国的文化交流，更加积极主动地学习借鉴世界一切优秀文化成果。

文化自信不是文化自大，更不是文化上闭关锁国。"美人之美、美美与共"，习近平总书记以博大的胸怀和恢宏的气度，指出了中华文明在同世界各种文明融合的过程中应该秉持的态度和发展的基本路径。践行文化自信，除了不忘本来，吸收外来，也要让中华文化走向世界，"把继承传统优秀文化又弘扬时代精神、立足本国又面向世界的当代中国文化创新成果传播出去"。在意大利、墨西哥、美国、俄罗斯、韩国等国，中国文化年、中国文化月、中国文化周、中国文化节散发出强大感召力和吸引力，"文化因交流而多彩，文明因互鉴而丰富"，中华文化为世界文明贡献了华彩篇章。

为什么在娱乐霸屏的时代，《中国诗词大会》《中国汉字听写大会》《中国成语大会》《中国谜语大会》这样的节目圈粉无数？因为支撑 5000 多年中华文明延绵至今的，是植根于中华民族血脉深处的文化基因。

春龙节谈民俗

农历二月二

二月二日

（唐）白居易

二月二日新雨晴，草芽菜甲一时生。

轻衫细马春年少，十字津头一字行。

俗话说："二月二，龙抬头"，很多人会在这一天剪头发，借龙抬头的吉意，期盼在学业、事业上"占鳌头"。农历二月初二前后是廿四节气之一的惊蛰。经过冬眠的龙，到了这个日子会被春雷惊醒，抬头而起，所以古人称农历二月初二为春龙节，又叫龙头节、春耕节、农事节或青龙节。春龙节是中国民间传统节日，我就在"皇娘送饭，御驾亲耕"的节日里谈谈民俗。

正月拜年、立春祭农、元宵灯火、三月曲水、寒食禁火、清明扫墓、四月佛诞、端午龙舟、七夕乞巧、中秋赏月、重阳登高、腊八煮粥、除夕守岁……民俗学是一门社会科学，它不仅渗透在民众生活之中，而且反映着民族的心理和精神。

民俗是最贴近实际生活的一种文化，是中国千百年历史长河中，在人类生产、活动中自然形成的一种习惯，不断扩大、演变并世代传承。它的起源是生活经验的总结，比如"二月二，煎年糕，细些火，慢点烧，别把老公公的胡须烧着"。再如"二月二，龙抬头，大仓满，小仓流"。还有"二月二，龙抬头，天子耕地臣赶牛；正宫娘娘来送饭，当朝大臣把种丢。春耕夏耘率天下，五谷丰登太平秋"。这些都是在描写春回大地、万物复苏，人们要开始一年的耕作。

民俗扎根于民间，有的起源于祈福祷告，比如二月二传说起源于三皇之首伏羲氏，在"重农桑，务耕田"的大背景下，要敬龙祈雨，求老天佑保丰收，后来我国历朝历代纷纷效法，衍生了几千年的农耕文明。民俗由一个地域向另一个地域扩散，因不同的环境被注入不同内涵，具有鲜明的地域特征，比如北方常年干旱少雨，农业生产又离不开水，病虫害也是庄稼的大患，于是人们求雨和消灭虫患的心理便折射到日常信仰中，北京有民谚说"二月二，照房梁，蝎子蜈蚣无处藏"，老百姓要在这天驱除害虫，在南方，水多地少，所以人们在这天多祭祀土地社神等。

民俗作为一种无形文化资源，在漫长的历史长河中，衍生出相关的饮食文化。在北方有一种烙得很薄的面饼，叫春饼，每年立春日，北方人都要吃春饼，名曰"咬春"，二月二，也要吃春饼，名曰"吃龙鳞"。还有很多农家都吃"鼓撅"，也就是手搓面条，俗称"顶门棍"，意为把门顶住，邪祟不入，一年太平。

十里不同风，百里不同俗，有人的地方就有民俗。在春节、元宵节，各地的庙会、灯展红红火火，民间艺人将种类繁多的民俗带进公众视线，熬糖画、捏面人、刻葫芦等传统手艺，戏曲、社火、杂耍等民间文化，元宵、炸糕、八宝茶等特色小吃为节日增添了欢乐元素。戏台上一招一式见的是功夫，园子里一唱一和听的是默契，举杯间一觞一咏喝的是风雅，案台上一字一句写的是文化。反观民众，一迎一和看得出心情，一笑一颦看得出乐趣，人们体验到了民俗文化的独特魅力。

良风美俗对社会有指导与示范作用，北宋思想家王安石在《风俗》中写道，"夫天之所爱育者民也，民之所系仰者君也。圣人上承天之意，下为民之主，其要在安利之。而安利之要，不在于它，在乎正风俗而已"。这篇720字的传世文章将民间风俗、道德品质与江山社稷、治国理政紧密联系，从中看出，民俗不仅有学术意义，还有政治意义，广教化、美民俗是一项重要任务。

《荀子·王霸》中记载，"无国而不有美俗，无国而不有恶俗"。民俗文化作为一种原生态的文化存在，大多数都发挥着积极作用，和法律、准则、道德一起维系着社会秩序的基本和谐，但也有些民俗迂腐愚昧，落后迷信。比如个别地方农村的"配冥婚"，已去世的人，生前没有配偶，死后就要为其找一具异性尸体合葬，因为他们认为祖坟中有一座孤坟会不吉利。

此民俗汉朝以前就有，宋代最为盛行，明清两朝都有文字记载，民国初期仍有残余现象，这种极其冷漠、极其残忍、极其落后的民俗始终没有杜绝，新中国成立后曾一度销声匿迹，然而近些年死灰复燃，一些农村出现了盗墓盗尸、高价倒卖配阴婚的案件，更有甚者，将活人诱骗、拐卖、残害来赚取利益。还有已流传近两千年的烧纸钱，这种民俗是人们寄托哀思的方式，但一些不良商家用劣质的原材料制作纸钱，污染环境，损害健康。除夕夜、清明、中元，大街小巷随处可见焚香烧纸之人，浓烟滚滚，空气刺鼻难闻，地上满是纸灰与印迹。烧纸不环保，不烧心里过不去，令人纠结，民俗变革不是一朝一夕的事，若暂时不能有效控制，不如在行业规范上下功夫，如提高纸的质量，提供统一烧纸的容器。

　　在个别地区，本该肃穆而悲痛的葬礼完全没有悲伤的气氛，竟然成了色情表演的温床，观看者是大声喝彩。从过去请剧团、放电影，到如今摆道场、请乐队，很多内容滑稽可笑、庸俗不堪、无下限的表演是为了吸引更多人来看，体现子孙的孝顺与家族的兴旺，这种风俗不仅仅是扰乱了农村文化市场秩序，败坏社会风气，更是严重影响未成年人身心健康。据调查，很多农村都不惜花费重金甚至举债为逝者办葬礼，经济好的要显示实力，条件不好的也要打肿脸充胖子，否则会被人嘲笑，以民俗为由而滋长的不良文化又何止低俗表演，酗酒、聚赌、迷信的事也不少见。

　　葬礼办得如此不堪，部分地区的婚礼也是让人瞠目结舌。近几年，媒体不断报道"天价彩礼"的新闻，对多地农村适龄青年来说，越来越高的彩礼正成为他们最沉重的负担，动辄几十万的彩礼，给本应喜庆的婚事蒙上了一层浓重的阴影，重金背后也是面子和民俗。网络流传一些"婚闹"视频，宾客对新人极尽恶搞之能，而新人往往碍于面子，不好反抗，让婚闹者变本加厉。低俗婚闹屡禁不止，有众多现实因素，很多受害者碍于情面，一味容忍，即使婚闹者得寸进尺，做出出格行为，也是听之任之，极大纵容了低俗婚闹的发生，然而更为严重的是，很多人并没有意识到这是一种陋习。婚丧嫁娶的风俗是传统文化的反映，也是整个社会文明程度的反映，我们要保护和传承民俗，但要抵制恶俗的陈规陋习，揭开企图用民俗做掩饰的幌子，让粗鄙的文化劣行无处遁形，坚决取缔。如今，国家倡导文明节俭办事，反对铺张浪费，作为公民，我们更应该站在理性、文明的高度看待，只有公众文明意识的彻底觉醒，一些粗劣的民俗礼仪才能绝迹。

　　民俗是一种来自于人民，传承于人民，规范人民，又深藏于人民行为、语言和心理中的基本力量。好的民俗是中华民族传承五千年的优秀文化，没有这些我们岂不成了无根之木、无源之水，所以我国申请非物质文化遗产，保护、挖掘各地民俗就是让中华优秀传统文化发扬光大。

清 明

（唐）杜牧

清明时节雨纷纷，路上行人欲断魂。

借问酒家何处有，牧童遥指杏花村。

古人将冬至后的第 104 天定为清明节，又称踏青节、三月节、祭祖节，清明节兼具自然与人文两大内涵，既是"二十四节气"之一，也是传统祭祖节日。清明节约始于周代，距今已有二千五百多年历史，是中国四大传统节日之一，2006 年被列入第一批国家级非物质文化遗产名录。清明假期，有的人选择踏青，回归自然，更多的人祭祖扫墓，缅怀故人，在这个重要的祭祀节日里我写点文字，回忆我的爷爷和姥爷。

我的老家在甘肃一个山村，自然环境恶劣，黄土高坡，干旱少雨，物资匮乏，经济落后，人们世世代代过着"面朝黄土背朝天"的生活。爷爷勤劳俭朴，会做很多手艺活，在城里工作的父亲也常寄钱回去，相比之下，条件稍好一些。在那个年代，能盖一院砖瓦房的不多，爷爷家是村里少有的几户，上房厢房、厨房仓库，前院后院布局合理，勤劳的爷爷把宅子收拾得井井有条。

爷爷是个地地道道的农民，生长在农村，生活在农村，就是父亲在城里买了房，安了家，他也只是过来象征性地住几天，他觉得城市没有劳作的地方，生活太清闲，饭桌上饭菜再丰富，也不如一碗面条更实在。爷爷跟土地打了一辈子的交道，跟土地有感情，无论我们怎么挽留，他都坚持回到乡下，他忘不了家里的那几亩地，那两头牛，忘不了家里的玉米苗和苹果树，更忘不了巷道里那些唠家常的老乡亲。

"田家少闲月，五月人倍忙。"爷爷一年四季都在忙碌，当父亲还很小的时候，爷爷为了补贴家用，农闲时就出门干活，经常一走就是几天。他手很巧，别看皱纹老茧交错，但做出的东西美观实用，他把用坏了的扁担削成宝剑，在剑柄上雕龙画凤，我带到城里，吸引了很多小伙伴的眼球。爷爷很节俭，这是年代的特征，因为他们怕了吃不饱的日子，所以格外珍惜粮食。爷爷感情细腻，从把奶奶娶进门的那天起就没让她受过委屈，奶奶生病卧床多年，生活不能自理，翻身擦汗，按摩喂饭，爷爷的照顾无微不至，过年全家老小团聚，爷爷不忍奶奶寂寞，坐在炕头边给她梳头发边陪着聊天，这是一幅多么美好的画面，褪去了人间繁华，回归爱情的本质。

儿时，每年寒暑假，我都要回到老家住些日子，体验生活。白天跟着爷爷下地干活，最远的地要走两个多小时的山路，爷爷抓蚂蚱、蝴蝶给我玩。馒头和白水是午饭，我嫌没味道，他就在田间搭起简单的土灶烤土豆、烤玉米。那时农村晚上限电，小小的黑白电视机更像是摆设，我坐在院子里听他唱戏，尽管不懂但很快乐，劳作一天的人们不到十点就入睡了，寂静的夜晚，漫天繁星伴我入眠。

除夕夜，农村的老例儿要去山上的庙宇烧香敬佛，祈求来年风调雨顺，爷爷牵着我的手，打着灯笼，慢慢地走在山间小道，虽寒风凛冽，鹅毛大雪，但内心温暖无比。在压岁钱还是 5 元、10 元的年代，爷爷给我的压岁钱是 100 元，在涨到百元甚至千元的年代，爷爷给我的还是 100 元，在他的观念里，100 是最大的数字，这 100 元已超过钱自身的价值。爷爷没有太多文化，但他讲的道理非常受用，他把人生经历、世间百态用最朴实、最直接的语言告诉我，爷爷一辈子都没对奶奶做过浪漫的事，但他的那份爱在今天看来是多么单纯美好，爷爷没有太大的本事，但他用双手拉扯大了 5 个儿女。

爷爷在农村，每年见他的日子屈指可数，姥爷住在身边，但我见姥爷的天数也不多。姥爷是一名铁路工人，他为什么从江苏老家来到甘肃，这里面有很多辛酸的故事。姥爷不易，一人工作养活一大家人，他微不足道的工资包括 5 个子女的全部开销还有姥姥的医药费，家里生活很是拮据。

我没见过姥姥，她去世得早，听说非常要强，因长年生病，脾气变得很暴躁，这和性格温和的姥爷截然相反。姥爷是个厚道人，不争不抢，不愠不火，无论和单位同事还是街坊邻居关系都不错。姥爷个头挺高，浓眉大眼，身体硬朗，不抽烟但爱喝两口，忙碌一天后，几粒花生米，一碟小咸菜也是享受。他退休后开了一间不大的小卖部，铺面虽小但货物齐全，再加上保质保量，价格公道，小卖部成了附近人气最旺的地方。姥爷好客且热情，时不时有人过来聊天下棋，能有人说说话是每一位老人最快乐的事情。

舅舅、姨相继成家立业，姥爷一人生活在老院里，饿了就随便煮点面条，来瓣大蒜，他从没给自己做顿像样的饭。今天想想，我们这些后代是不够孝顺的，因为大家没有拿出足够多的时间去陪他。每到周末，姥爷就会到火车站等着接我们，期盼子孙能回去看看他，一趟没有等第二趟，第二趟没有就去公交车站，至今每当我想起这件事，想起姥爷期盼的眼神，我都会情不自禁地流泪。人年轻时，往往忙于自己的事情，忽略长辈的感受，其实到头发现，因忙碌耽误的亲情无法弥补，"子欲孝而亲不待"，如今的孝心与思念只能化作一缕青烟。

姥爷能烧一手好菜，只要我去，他就会拿出储存的好东西为我做，土豆炖牛肉让人垂涎欲滴，熬的胡辣汤鲜美无比。小学五年级，每周末我都要去学画，中午在姥爷家吃饭，那段日子很快乐，姥爷用美食表达对我的疼爱。相比精心的烹制，有一道极为普通的菜让我难忘，冬天，姥爷、妈妈和我围坐在小火炉边，一口小锅注满清水，几块卤水豆腐，一点虾干，咕嘟咕嘟地炖，快熟的时候，放一点粉条，撒一点葱花，除盐外没加任何佐料，香味飘满全屋，温馨的场面根植于我的记忆里。后来我和妈妈曾不止一次去做这道最简单的家常菜，豆腐品质不断提升，虾干也选用最上乘的，但怎么也找不到当年的感觉。慢慢我才懂得，老人厨房里最大的秘密就是儿孙满堂，食物就像信使传递着家和亲情的信息，无论什么样的厨房，什么样的食材，只要一旦注入人类的智慧与感情，都能变成美食的秘境。

生命的乐趣除了向往未来，还有回忆过去，对于回忆，我无法抗拒，值得回忆的总是刻骨铭心的难忘，曾经的感动。爷爷、姥爷已经去世十多年了，回忆过去无限感动，我怀念和他一起下地、一起赶集，我怀念和他一起看店、一起做饭，我怀念他们宽大的肩膀、厚厚的双手。

"帝里重清明，人心自愁思。"清明节，没有焚香叩头，只有文字表达我对故人的回忆。

端　午

（唐）文秀

节分端午自谁言，万古传闻为屈原。

堪笑楚江空渺渺，不能洗得直臣冤。

端午节与清明节、中秋节、春节并称为中国民间的四大节日，也是我国首个入选世界非物质文化遗产的节日。端午节有很多叫法，如端五节、端阳节、重五节、重午节、天中节、龙舟节、浴兰节等，有二十多种，堪称节日别名之最。2006年，国务院将端午节列入首批国家级非物质文化遗产名录。2008年，端午节成为国家法定节假日。2009年，联合国教科文组织正式批准中国端午节列入世界非物质文化遗产。这一天，挂菖蒲、插艾叶、吃粽子、赛龙舟。关于端午，有很多传说，节日被赋予了浓厚的文化内涵。

到底是"端午快乐"还是"端午安康"，祝端午节快乐与有无文化的争论火爆网络，双方各执一词，各有道理。要弄清这个命题，首先要知道端午节的由来。流传最广的版本这样记载，屈原投江后，当地百姓闻讯马上划船捞救，一直行至洞庭湖，始终不见尸体。那时，恰逢雨天，湖面上的小舟一起汇集在岸边的亭子旁。当人们得知是为了打捞贤臣屈原时，再次冒雨出动，争相划进茫茫的洞庭湖。为了寄托哀思，人们荡舟江河之上，此后才逐渐发展成为龙舟竞赛。百姓们又怕江河里的鱼吃掉他的身体，就纷纷回家拿来米团投入江中，后来就成了吃粽子的习俗。"节分端午自谁言，万古传闻为屈原。"延续两千余年传承至今的端午是祭祀日，所以只能说安康。

安康与快乐有什么区别，我认为两者都是美好的祝福，在我国古代，任何仪式，包括祭祀，都是为了寻求精神支撑，得到心灵慰藉，比如二月二祭祀龙王，求的是风调雨顺，同样，借纪念屈原这样的爱国英雄来团结民众、凝聚力量，目的是上下同心、战胜困难，推动国家前进与发展，祭祀不过是一种方式。如今端午节已成为法定节日，忙碌的人们利用假期休闲娱乐，放松身心，问候是一种形式，无论是"端午快乐"还是"端午安康"，都是亲朋好友间的惦念关心，其乐融融又何必较真一字之别，不过争论能让我们在吃粽子的同时了解历史，从这方面看还是很有意义的。

端午节有很多习俗，在我的记忆里有一样物品很深刻，就是香包。《离骚》中写道，"扈江篱与辟芷兮，纫秋兰以为佩"。江篱、辟芷、秋兰均为香草，"佩"指香包，说明香包早在战国时期已用来祈福避邪，象征吉祥美好。我的故乡甘肃，位于黄河流域，是伏羲文化的发源地，文化积淀深厚，勤劳朴实的西北人把已有上千年历史的香包技艺发扬光大。对于庄稼人来说，没有什么比过节更重要，节日习俗在农村有了更好的传承。农村女性心灵手巧，缝香包更是体现了劳动人民的智慧，无论是用五彩丝线缠绕制成的简单几何形状，线绒缝制的香球，还是元宝状的香囊，花布拼接做成的十二生肖，件件都可称之为艺术品。小孩头上戴的虎头帽，脚上穿的虎头鞋，风格粗犷、形象生动。而在以香包为代表的刺绣中，大量蕴藏着青龙、白虎、朱雀、玄武为图腾的原始文化痕迹，驱邪祈福是香包文化的永久主题，而隐喻象征、托物言志则是香包的鲜明艺术特色，更是包含一种人文精神。

我国的传统节日中少不了特定美食，端午吃粽子，中秋吃月饼，正月十五吃汤圆，二十四节气里也有不少固定搭配，立春吃春卷，小暑食新米，立冬包饺子。我们根据中国人大体的饮食习惯归结出"南甜北咸，东辣西酸"的规律，而粽子却颠覆了这一评价，形成了今天以红枣、豆沙蘸白糖或蜂蜜的"北方派"与以咸肉、蛋黄为馅蘸着酱油食用的"南方派"。各种馅料的粽子并不是今天的产物，而是从古至今文化的衍生。"彩缕碧筠粽，香粳白玉团"，从春秋时期的"角黍"到晋朝的"益智粽"，经唐宋元明清的发展，粽子品种不断丰富，"时于粽里见杨梅"出自于苏轼之口，可见宋朝就有了别出心裁将果品置于其中的粽子，虽然这句诗只单独一句，但风雅而形象，食物本身就是文化。

韩国"江陵端午祭"申遗成功让国人震惊，我们的端午节怎么被国外抢了？端午祭与我国的端午节无论从形式上还是内容上都有很大区别，端午祭为韩国江陵地区在端午节气里由舞蹈、民间艺术展示等内容构成的祭祀活动，这和我们纪念屈原，吃粽子、赛龙舟不同，端午祭的时间可以延续20多天，而我国的端午节只有一天。在我国传统文化中，兼容并包的思想一直存在，虽然端午祭的申遗成功冲击了国人心理，但我们依然要保持开放包容的心态，立足于我国的传统佳节，发展本国的传统文化，培植文化上的新认知。不同文化之间求同存异，取长补短，共同发展，文明因交流而多彩，文明因互鉴而丰富。

当然，在中国历史上，也出现过文明的倒退。秦始皇一扫六合，统一中国，但也因"焚书坑儒"导致东周时期几百年逐步积累的诸子百家学说毁于一旦；汉武帝为巩固中央集权，统一思想，"罢黜百家，独尊儒术"，打击了其他思想流派的生存空间；明朝理学登峰造极，但理学家提出"存天理、灭人欲"的主张，阻碍文化大发展；明清两朝读书人为了考功名，沉迷八股文，整个国家的发展停滞，顾炎武曾说"八股之害，甚于焚书"。就连有诸多进步意义的新文化运动也有偏颇的地方，比如以顾颉刚、钱玄同为首的"疑古派"，对中国上古史全盘否定，过于偏激；还有"文革"，多少传统文化在破"四旧"的浪潮中损失殆尽。反思这一系列的文化灾难，有一个共同点，就是"一家独大，唯我独尊"，这是我们用一次次教训总结出的经验，对于文明"兼容并蓄，博采众长"才是最科学的态度。

中华优秀传统文化中蕴含着中国人民生生不息、绵绵不绝的民族精神、民族品格和发展动力，是中华民族发展壮大的丰厚滋养。"欲信人者，必先自信。"文化自信是对自身文化价值的充分肯定。世界有四大古文明——古埃及、古巴比伦、古印度和中华文明，前三个文明都先后消失或中断了，只有中华文明一直延续至今、不曾中断。我们的中华优秀传统文化，蕴含五千多年中华民族漫长奋斗积累的文化养分，如"己所不欲，勿施于人"的仁爱精神、"天行健，君子以自强不息"的进取精神、"地势坤，君子以厚德载物"的包容精神、"大道之行也，天下为公"的社会理想、"与人为善""助人为乐"的道德品格、"以百姓之心为心"的为民意识、"治大国若烹小鲜"的治理经验、"天下大事必作于细"的务实精神等。正是这种高度自信的文化积淀和凝练，才形成了中华民族讲仁义、重民本、守诚信、崇正义、尚和合、求大同的优秀文化传统，铸就了中国人的家国情怀、社会担当和个体修养的文化性格。

习近平总书记指出："讲清楚中华优秀传统文化是中华民族的突出

优势，是我们最深厚的文化软实力。"讲好文化自信，就是要讲好为什么文化自信是更基础、更广泛、更深厚的自信。在十九大报告中，习近平总书记以"坚定文化自信，推动社会主义文化繁荣兴盛"为题，对文化思想进行了专节论述，具有强大的思想魅力和理论魅力。讲好文化自信，首先要深刻认识中国特色社会主义文化的丰富内涵。其中，中华优秀传统文化是基础、根本，体现了中华民族几千年来所积累的人文智慧与哲学思辨；革命文化是马克思主义中国化的重要文化成果，是党领导人民群众在革命实践中创造的红色文化；社会主义先进文化是社会主义实践的创造性成果，并在新时代中国的土壤中孕育着新的生命活力。文化自信，不仅自信于中华民族在悠久的历史中所创造出的光辉灿烂、底蕴深厚的传统文化，更要自信于党领导中国人民在革命、建设和改革中所坚守的马克思主义及其中国化的先进成果，这是对中国特色社会主义意识形态的自信，也是对中华优秀传统文化的传承和发展，只有这样才能真正守好中华民族的"根"与"魂"。

只有民族的，才是世界的。这句话就是在强调尊重本民族文化的重要性。在多元文化背景下，只有民族文化独一无二，对民族文化的认同是国家未来的发展方向，立足于优秀传统文化之根，取其精华，去其糟粕，才能保证中华民族持续发展。

七夕节谈爱情

秋 夕

（唐）杜牧

银烛秋光冷画屏，轻罗小扇扑流萤。

天阶夜色凉如水，卧看牵牛织女星。

七夕是中国传统节日，被赋予了"牛郎织女"的美丽爱情传说，使其成了象征爱情的节日。"问世间情为何物，直教人生死相许。天南地北双飞客，老翅几回寒暑。"元好问的诗中勾勒出一幅忠贞不渝的爱情画面。七夕到底是人们对大自然的崇拜还是对爱情的向往，谁也说不清，一条天河并不能阻挡伟大的爱情，牛郎织女的传说感动万千男女。七夕节的主题是爱情，我写不出丽句清辞的优美散文，只谈谈校园爱情中的理性与浪漫。

在大学，除了读书、学习，还有哪个话题的热度能超过爱情？每当新生进校，我都会开一次特殊的班会，主题为"大学里的爱情，你准备好了吗？"和18岁左右的青年人在一起，没必要刻意回避他们最想了解的话题，正确认识校园才能处理好同学之间的关系，才能分清什么是友情，什么是爱情，什么是知己，什么是恋人。爱情是美好的，不能让向往美好的青年压抑自己，变"堵"为"疏"，这样孩子才可以正大光明地与父母沟通，学生才能敞开心扉地与老师交流，大家才能踏实地看场电影而不用跟爸妈说是在图书馆上自习。

有人说，大学如果没谈一场轰轰烈烈的恋爱，那么大学就不完整。是不是每个刚考上大学的人都会听到这样的嘱咐，"上学就是学习，别谈恋爱"。而到了毕业时，有的也会听到爸妈的埋怨，"都这么大了，连个对象也没有"。我和很多同学的父母是微信好友，经常能看到一家三口在朋友圈的讨论，有时也会 @ 我，双方都期待我的声援，尤其当父母问到，"我们家那小谁谈朋友了吗?"我更是无法回答。作为同学们眼中的"电子警察"，我知道的确实有点多，是保护同学们的隐私与自尊心，还是要对得起家长的信任? 父母与孩子都有充足的理由，爸妈会说："我这是为你好。"孩子也会说："我难道不是为了自己好。"其实大可不必把大学生谈恋爱当成了不得的事情，只要人正经了，爱情的小车就不会跑偏，换句话说，树立正确的"爱情观"才是亟须解决的问题，而不是简单粗暴地拆散情侣。

大学给爱情注入很多新的内涵，谈恋爱不光是为了感受爱情的美好，还要把两个人的爱情转换为一种让两个人变得更好的动力，互相督促学习，一起运动，相互鼓励。这些向上向善向好的前提来自于男女朋友间的信任，谁能说这样的爱情不好? 现实中，很多夫妻都是曾经的同学，他们中有的是校园文体活动的骨干，有的是一起支教的战友，有的是相互鼓励考上研究生的同窗，有的则是在文艺比赛中偶遇而彼此欣赏的朋友，学校里的爱情单纯且美好。

我所表达的意思并不是鼓励学生一门心思谈情说爱，而是当爱情来敲门的时候，不要装作不在，更不要去亵渎神圣的爱情。爱情不仅要对自己负责，更要对他人负责，爱可以疯狂但头脑要清醒，爱不代表事事都要体验，爱在更多时候要学会克制，学会冷静。爱情不全是花前月下的浪漫，还有点灯夜读的勤奋；不全是为所欲为的任性，还有包容体谅的理解；不全是娇艳欲滴的玫瑰，还有相知相惜的掌声；不全是海誓山盟的告白，还有一点一滴的感动。爱情要保护自己、尊重自己、爱惜自己，更要保护对方、尊重对方、爱惜对方。爱情若想永恒，除了机遇，更要努力，世界上的人虽多，但在下雨的深夜陪你回家的，实际上只有一个。

有人说爱需要冲动，只要看上了就大胆去追，人不风流枉少年。这话没错，不过我要解释的是，这里的"风流"可不是通俗理解的"花心"，而是风度、仪表、才华出众、不拘泥于礼教的不羁。人人向往美好的爱情，何况是青春萌动的青年，看到自己心仪的人如果过分矜持，容易被横刀夺爱，所以我佩服电视剧《亮剑》里的李云龙，一句"看上就行，看不上拉倒"霸气十足，最终抱得美人归。看样子，追求不需要理性。萧伯纳曾说："此时此刻在地球上，约有两万个人适合当你的人生伴侣，就看你先遇到哪一个，如果在第二个理想伴侣出现之前，你已经跟前一个人发展出相知相惜、互相信赖的深层关系，那后者就会变成你的好朋友，但是若你跟前一个人没有培养出深层关系，感情就容易动摇、变心，直到你与这些理想伴侣候选人的其中一位拥有稳固的深情，才是幸福的开始，漂泊的结束。"两万分之一实在不好找，爱情确实需要主动出击，在人群中找到合拍的那位，过分理性往往会贻误战机。

如果说追求是吹响了冲锋号，那追到手才是"长征"的开始，追求可以冲动，但未来的生活、感情的经营可不是靠着冲动与浪漫能维系的。朋友圈里每天都能看到"鸡汤"式的感情文章，代入感很强，完全抓住了现代人的心理，让很多人沉浸其中，重新审视自己的爱情，有恋人的感到失望，单身的更加绝望。其实大可不必，有朋友的，在经营爱情过程中，沟通、体谅、包容、自制，求同存异，知福惜福、活在当下；而单身的，也要充分享受"一人吃饱，全家不饿"的快乐时光，大家各有乐趣。

朋友圈晒幸福的为"单身狗"捧上满满一把"狗粮"，"可以不爱，请不要伤害"各种反击开始刷屏，"秀恩爱，死得快"成了羡慕嫉妒恨的"魔咒"，戏谑之言也有几分道理，高调告白可以理解为此生有你，不留后路，但往往越是这样越容易产生分歧，晒幸福的同时要关注另一半的心态，不要让对方感到太累，因为累了就想逃离。对于恋爱中的男女，不要认为甜蜜的事情越多越好，多了才能巩固自己原有的幸福，而是需要低调与沉淀，无需靠晒幸福换来外人的认证点赞强化自己的信念，有的幸福已经开始退潮了，却"伪造"幸福，拿出来秀，殊不知越晒越容易流失水分，而冷藏是保鲜的最佳方式。单身的朋友也不要太钻牛角尖寻觅唯一，应该把精力用在学会经营幸福的能力上，表白遭拒也不用太懊恼，虽然失去一棵树，但得到了整片森林，不是你不够优秀，而是对方的要求有点多。

恋爱中的理性是量力而为，不切实际会劳民伤财。男生为赢得芳心，不惜花费重金营造温馨场面，名为浪漫，实为浪费，后来只能以各种名目向家里要钱，和恋人一起时出手阔绰，无节制地消费，回到宿舍后只能泡着方便面，靠舍友支援。理性是立足现实、善始善终，不要恋爱时如胶似漆，分手后大打出手。理性是在海誓山盟中保护自己，在一起时互帮互助，分手了也不要恶语相加，千万不要遍体鳞伤时悔恨当初的鲁莽和冲动。

爱情中的浪漫确实是需要物质做基础的，我们见到过各种告白，创意新颖，场面气派，很多女生希望生命中有这样一场轰轰烈烈的仪式，但也不是所有人都喜欢这样的浪漫，于是有了当街甩脸、严词拒绝，甚至死缠烂打、不欢而散的局面，精心策划、花费重金却成为他人茶余饭后的笑谈。恋爱过后，总有一天会回归生活，如果不想日子过得一地鸡毛，最好适度浪漫。

偶尔一次浪漫，会让人觉得幸福，如果当成每天必须完成的任务，就会很容易让对方感到疲倦。听人抱怨"生日没送礼物，节日没发红包，纪念日没记住"，发完牢骚后强调一下这是爱情的考验，言外之意就是对方不够浪漫，没有情调，听完后我点点头。看朋友圈里转发的软文，"陪伴是最长情的告白""我喜欢你，即使你一无所有"等戳中内心的金句，她点赞后还评论一句"就喜欢这样的浪漫"，看完后我笑而不语。这种对浪漫追求到了极端的情况会让她自己都不知道到底要些什么。

制造浪漫需要发自内心的感情。第一次见到摆蜡烛唱情歌，觉得温馨，但如今这种模仿实在太多，缺少新意，甚至路边围观的人都要花钱去雇，还有抄歌词、抄情诗，不加思索直接复制。思想被禁锢，失去创造力的浪漫虽无新意，但很多人仍沉浸其中，乐此不疲。刻意制造出的浪漫虽然来得猛烈，但也流逝飞快，日常生活中感动的瞬间才是难以忘怀的浪漫。浪漫要摆脱对物质的依赖，脱去华丽外衣，真实而细腻。

还有很多人追求浪漫到了极端，都想把自己的婚礼办成独一无二，动辄花费数万元甚至数十万元，结果呢，无论如何策划还是老一套。相反，充满未知的旅行结婚不被更多人接受，因为缺少仪式感，不够庄重。浪漫需要摆脱世俗的勇气，假如梁山伯与祝英台、罗密欧和朱丽叶屈服于封建教条，各自安稳度日，也不可能有传世佳话，恰恰是他们敢于突破陋习，崇尚自由，才成就了经典。

不爱江山爱美人，这样的浪漫豪情却也悲情。纣王宠妲己，酒池肉林，夜夜笙歌，祸国殃民。北齐后主高纬上朝时也把美女抱在怀里，周朝进攻齐国时，高纬竟说"只要冯小怜无恙，战败又如何？"李隆基与杨玉环，长生殿里信誓旦旦"在天愿作比翼鸟，在地愿为连理枝"，然而在马嵬坡前，自顾不暇的他也只能命人勒死贵妃，袁枚诗中讽刺道"到底君王负旧盟，江山情重美人轻"。所以不能过誉不爱江山爱美人，为了能让对方幸福生活而努力奋斗才是浪漫的事。

　　浪漫除了物质，更需要精神。礼物能让感情升温，但总不能永远用物质来制造浪漫，坚持到最后的还是精神，脱离物质才能更加接近浪漫的真谛。当年周恩来在巴黎留学，邓颖超在北京师大附小当教员，两人鸿雁往来，突然有一天，邓颖超收到周恩来从法国寄来的一张明信片，在这张印有李卜克内西和卢森堡画像的明信片上写着："希望我们两个人将来，也像他们两个人一样，一同上断头台。"那个年代，没有鲜花、没有钻戒、没有誓言、没有礼物，但牵了手就是一辈子，那个年代的情书，寥寥几字，却承载了生命的厚重，今天看来，总理的这封情书才是最美的浪漫。

　　《垓下歌》千古流传，"力拔山兮气盖世。时不利兮骓不逝。骓不逝兮可奈何！虞兮虞兮奈若何！"楚霸王项羽与虞姬同富贵，共生死，浪漫。汉宣帝刘询继位后仍思民间妻子许平君，不畏强权，拒立大将军霍光的女儿为后，同荣华，共贫贱，浪漫。明孝宗朱祐樘的后宫只有皇后张氏一人，面对无尽的诱惑，他毫不动心，深深地爱着自己的妻子，始终如一，平平淡淡，浪漫。这些典故无不展示了男女主人公对爱的信仰，在这种精神下孕育出的浪漫更让人羡慕与称赞。

　　在爱情的世界里，顺畅运转的要素就是沟通、体谅、包容与自制。都说家丑不可外扬，但近几年各种情感类节目充斥电视荧屏，没想到国人开放到能将各种"狗血"剧情在现实生活中演绎并告知天下。我关注的并不是他们经过调解后是重归于好还是分道扬镳，而是从中发现无论是谁，心中都有一个虚拟的 Mr.Right，生活一旦出现缝隙，这个"人"就会登场，现实中的对方无论做什么都 PK 不过自己内心完美的那个 Mr.Right。不要去追问到底谁才是我的 Mr. Right，而是要问自己能努力到什么程度、成长到什么程度。若没有培养出经营幸福的能力，就算真的 Mr. Right 出现在身边，幸福依然会错过。所以，前面提到的萧伯纳的那段话是提醒人不要太钻牛角尖寻觅唯一，应该把精力用在学会经营幸福的能力上，知福惜福、活在当下。

充满诗情画意的浪漫七夕，是一个民族用了几千年的时光将一段美妙的传奇凝练成一个节日。七夕节里谈爱情，一个经久不息的神话，一段缠绵怀旧的回忆，一个笑中有泪的话题。

中元夜

（唐）李郢

江南水寺中元夜，金粟栏边见月娥。

红烛影回仙态近，翠鬟光动看人多。

香飘彩殿凝兰麝，露绕青衣杂绮罗。

湘水夜空巫峡远，不知归路欲如何。

中元节是祭祀节日之一，今天，我们聊聊生死，聊聊青少年生命教育的重要意义。

想谈这个话题，源于近期看到的三条消息。一条消息是，一名武汉14岁的少年在学校打牌被请家长，被妈妈当众扇耳光后，从教学楼上一跃而下。再一条消息是，上海卢浦大桥川流的车辆中，一辆车突然停下，一名17岁的男孩跑下车后毫不犹豫跳桥自杀，原因是和妈妈发生争吵。还有一条消息是，刚刚毕业走出校门的大学生因网络贷款，不堪重负，从酒店28层纵身一跃，人生终止在23岁。每当看到这样的消息，我的内心都很沉重，在多么美好的年纪，他们选择了极端的方式告别世界。

这几年，校园突发事件五花八门，青少年自杀、杀人犯罪等蔑视生命事件发生的总数和频率呈上升趋势，其中有些案例超乎我们的认知与理解，比如自杀游戏和网贷的出现，前者是把死亡塑造成"温暖的归宿"，将死亡浪漫化、游戏化、程序化，而后者引发网络赌博、盲目消费、裸贷裸聊、电信诈骗等一系列严重违法问题。

对于猎奇，青少年总是有极大兴趣。2017年，一款名为"蓝鲸"（Blue Whale）的游戏出现在了公众视野之中，这款游戏会给每一个参与者配置一名"主人"，"主人"每天会给玩家布置一项自虐任务，比如在胳膊上用刀刻出鲸鱼图案，凌晨4：20醒来然后割伤自己，看一整天的恐怖电影等。当游戏进行到最后时，玩家已筋疲力尽、迷茫无助，幕后"主人"就会告知"玩家"以自杀来解脱。从自虐、自残到自杀，50天时间，青少年被一步步洗脑。'蓝鲸"游戏在2013年就出现在俄罗斯的网络媒体上，兴起约在2015年，直到2016年，接二连三发生的青少年自杀事件都与该游戏有关，这才引起俄当局重视。根据《俄罗斯新报》调查，2015年11月到2016年4月，俄境内共有130起青少年自杀事件，至少有80人的死和"蓝鲸"游戏有关。

尽管成年人或者心理健康的人听闻后会觉得匪夷所思，但对于价值观尚未建立，心智还未成熟的青少年来说，"游戏"的神秘感及心理诱导和恐吓，更容易使青少年走上不归路。"4：20叫醒我"是"游戏"的另一个名字，顾名思义，每天早上4：20起床是主要内容之一，也是整个游戏的基础，50项任务中，有多项都要求参与者在凌晨4：20起床，最后更是变态到让玩家连续19天按这个点起床并完成看恐怖影片、听音乐的任务。剥夺睡眠，让参与者精神不振；以观看恐怖电影来摧毁生活信念；要求不与任何人交谈增加负面情绪；不时提出质疑生活的问题让参与者否定人生；群聊时的语言挑唆更是营造恐怖气氛。分析其特点，就能发现这种通过有计划的诱导来达到控制心智的目的，和邪教、传销的洗脑极其相似，都是从生理层面出发，直至对心理的摧残。

发明"蓝鲸"游戏的人不过是一个年龄刚过21岁的青年，看照片和普通人没有什么区别，他用一些极端恐怖血腥的视频，尽可能地吸引大规模的参与者，从中寻找最容易被操纵、心理防线最容易突破的孩子来诱导。一些自杀事件被拍成视频发布，有的甚至为博取眼球进行直播，引发的围观与模仿要引起高度重视。虽然罪魁祸首入狱，但这个游戏丝毫没有停下来的迹象，就像"瘟疫"一样由网络社交平台传播到世界各地，有的青少年因好奇心加入，后感觉不对，开始抵触，才发现很难摆脱。这个游戏从开始就是个坑，只要加入群组，就要向管理者提交个人的真实信息，包括自己和家人的真实姓名、家庭地址，并交付数额从50元到200元不等的费用，甚至有人要求入群的女性发自己的裸照或者私密视频给他，一旦中途想退出或者泄密，这些隐私就会被公开，参与者的人身安全将受到威胁。青少年缺乏自我保护意识，威逼利诱下选择妥协、就范，高压让心理防线更是不堪一击，走向抑郁，甚至自杀。

"蓝鲸"游戏的传播反映出我们的生命教育还存在不足，一些青少年缺乏自我价值感、生活幸福感、团体归属感。有的孩子经历坎坷，内心世界极为孤独，别人无法叩开其心扉，还有一些学生不愁吃不愁穿，生活环境优越，受到良好的教育，但是缺少自身的认同和在集体的归属感。这给我们提出了一个新的问题，如何做好青少年的生命教育？处于青春期的孩子们，包括大学生，本身就处于追求刺激、敢于冒险、对未知充满好奇的年龄阶段，更容易接受、参与，游戏本身的神秘感、隐私性迎合了他们标新立异的态度，内容的黑暗与叛逆正中下怀，再加上不法分子的推波助澜，青少年就不知不觉地走上了不归路。回想"葬爱家族""丧文化"等非主流文化流行的时代，自残、自杀的元素也是很多青少年觉得酷的东西。

再说说近年来问题极为突出的校园贷问题。河南某高校的一名在校大学生，用自己身份以及冒用同学的身份，从不同的校园金融平台获得无抵押信用贷款高达数十万元，被冒名的同学也不断遭受骚扰，当无力偿还时从楼上一跃而下，结束生命。广西某高校的一名大二学生突然自杀，也是因为借款160余万元无力偿还，他一走了之，而借给他钱的朋友、同学很多也都是在优分期、名校贷、大学贷、分期乐等网络平台上借的。

对于女生来说，"裸条"成了借贷的噩梦，她们赤身裸体，一手拿着自己的身份证，一手拿着手机自拍，然后把照片传给借贷人，让裸照成为"信用抵押"，一旦还不上款，就会遭到威胁，借方甚至将这些裸照发到网上，收费几十元就可下载。打开百度，搜索"裸持"等字眼，竟有上百万条相关内容，可见这种现象的普遍。在一些借款群里，裸条是公开的秘密，通过这种方式一般能借到5000元到10000元，而高额的利息使其很难按时偿还，无奈只得又从其他借款平台贷款，来还这个平台的账，一步步陷入借贷的"死循环"中。

什么是网贷？要解释这个现象，就得从过去疯狂在校园中办理信用卡的事说起。几年前，各大银行降低门槛，在大学生中发展信用卡用户，"花今天的钱办明天的事"这种超前的消费理念在青年人中很流行，因信用卡导致的不良现象引起国家重视，2009年，银监会叫停了大学生信用卡办理，但日益高涨的消费欲望与超前的消费观念却没有因此止步，这些"校园网贷"乘虚在高校跑马圈地，通过校园代理和中介，在大学生中间开展贷款业务。2014 年，校园分期付款出现，他们把目光瞄准电子商品。2015 年，校园分期平台"疯狂生长"，涌现出大大小小几百家分期平台，鱼龙混杂，无需任何担保，无需任何资质，无需任何审查，只要填张表格就能贷款几千甚至上万元，这种低门槛、短平快的方式迅速蔓延。

什么样的人愿铤而走险？我查阅曝光的案例，因自主创业需要启动资金而贷款的少之又少，我甚至怀疑这些个别现象也是在给自己找个借口，而更多的是满足消费带来的快感与虚荣。照片里是一张青春可爱的面孔，谁能将这个大二女生与提供性服务联系在一起，因为买一部新手机，她通过网络借贷 3500 元，7 天利息 1500 元，被欲望冲昏头脑的她自此陷入"以借代还"的恶性循环无法自拔，没想到更大的圈套早已设下，因无力偿还，借贷方提出了更非分的要求，可女生无论怎样做依然在 7 天之内还不够钱，最后欠债 10 万元。个别大学生迷恋炒股、赌球、百家乐、轮盘赌等，刚开始带着好奇心投个三五百元，小赢之后发现这种赚钱方式很轻松，想要挣更多的钱，就必须加大赌注，可钱从哪来，网贷乘虚而入。实际上，这些借贷平台利息非常高，每天利息从几元到几十元不等，你看不出来里面的猫腻，等发现情况不对，为时已晚，周息最高可达 30%，也就是说你借 1 万元，一个礼拜后就要还 1.3 万元。

躲避解决不了问题，网贷背后还活跃着一批在网上催收的人，他们被称为"网络催客"，裸照只是其催款方式的一种，还包括"呼死你"、入侵通讯录、打电话给家长同学、网上造谣、张贴大字报、公布当事人身份证和电话号码等方式，面对这些骚扰，青少年心理承受能力有多大？

　　我国著名的教育家顾明远说，教育的本质可以概括为：提高生命的质量和提升生命的价值。对于生命，要心存敬畏；对于生活，要充满向往。美好的梦想还在等着青年一代去实现，即便遇到挫折，也不过是成功道路上的一个考验，自己努力才能主宰个人命运，凭什么让他人来左右你的人生，爱护自己，远离垃圾。

望月怀远

（唐）张九龄

海上生明月，天涯共此时。

情人怨遥夜，竟夕起相思。

灭烛怜光满，披衣觉露滋。

不堪盈手赠，还寝梦佳期。

中秋节又被称为仲秋节、追月节，以月之圆意人之团圆，寄托思念故乡，思念亲人之情。中秋节自古便有赏月、拜月、吃月饼、赏桂花、饮桂花酒等习俗。中国是礼仪之邦，花好月圆时谈谈礼节。

"礼之用，和为贵。"中华传统文化意义上，是通过礼数来促进和谐的，是文明的象征。

何为礼貌？《孟子·告子下》："礼貌未衰，言弗行也，则去之。"赵岐注："礼者，接之以礼也；貌者，颜色和顺，有乐贤之容。"简单地说礼貌是人与人之间最起码的尊重。您好、请、谢谢……这些简单的文明用语对调和融洽人际关系会有很好的催化作用，给人际交往带来意想不到的惊喜，使我们的交流充满情感，从而让整个社会充满温度和美好。

"良言一句三冬暖，恶语伤人六月寒。"礼貌和教养对于装饰人类或其他一切优良品质和天资，都是必不可少的，礼貌不用花钱，却能赢得一切。文明用语可以营造和谐的气氛，化解戾气，令人心平气顺。中国曾有"君子不失色于人，不失口于人"的古训，意思是说，有道德的人待人应彬彬有礼，不能态度粗暴，也不能出言不逊。"与善人居，如入芝兰之室。"人们喜欢与有素养、讲文明的人相处，希望生活在一个文明和谐的大家庭。

在学校，经常听到宿舍管理员抱怨，说在检查宿舍时，同学们的态度不是很好，更多人是熟视无睹。上学时，宿舍管理员很喜欢来我们屋，说我们有礼貌，毕业聚餐，还专门送来几桶饮料。今天看来，我们并没有刻意做什么，只是进楼时多说了一声"您好"，或者来宿舍检查卫生时，大家道一声"谢谢"。这些微不足道的动作就是一种礼貌。尊重他人的劳动成果也是礼貌，刚打扫干净的走廊不一会儿就堆满垃圾，刚清扫干净的卫生间不久就有异味，多走几步扔垃圾，上完厕所随手冲水，这些行为就是礼貌。

礼貌还有一个体现就是把握分寸。中国传统社会的五种人伦，即：父子有亲，君臣有义，夫妇有别，长幼有叙，朋友有信。人格讲分寸，不卑不亢，有度有量；人际讲分寸，不亲不疏，不冷不热；长幼讲分寸，尊老爱幼、敬长扶小；得失讲分寸，进退有度，恰如其分；等等，这些分寸说的都是礼貌。

"可与言而不与之言，失人；不可与言而与之言，失言。知者不失人，亦不失言。"生活中，有多少人就毁在交浅言深上。交情不同，说话方式就不同，如把握不当，就会成为不礼貌的行为。荀子《劝学》中说："人们交谈，有问有答，不问而告，谓之傲慢；问一而告二，谓之多嘴。傲慢不对，多嘴亦不对。"君子说话要像回音那样，没发声就别回声，发一声就只回一声。人际交往最难以把握的就是刚刚好的分寸感，过亲则疏，过热则冷，过密则疏，过近则远，要保持合适的距离，明晰自己的边界。

儒家中庸之道的精髓即不偏不倚、过犹不及，道家思想里讲究和谐，和谐就是适度、适中，达到一个平衡点，一种最佳状态。孔子曰，"七十而从心所欲，不逾矩"，矩指的规矩，也就是分寸。宋玉在《登徒子好色赋》中写道"东家之子，增之一分则太长，减之一分则太短"，这里说的也是分寸。掌控节奏、把握分寸、克制情绪就是礼貌。"不逾矩"才能获得简单且良好的人际关系，把握分寸是情商的具体表现，那些被夸高情商的人，其实都是能巧妙把握分寸的人。

礼物起源于远古时期的祭祀活动。祭祀时，人们除了用规范的动作、虔诚的态度向神表示敬畏外，还将自己最有价值、最能体现对神敬意的物品奉上，从那时起，在礼的含义中，就开始有了物质的成分。关于礼物的概念，还有人说它最初来源于古代战争中由于部落兼并而产生的"纳贡"，也就是被征服者定期向征服者送去食品、衣物甚至是奴隶，以表示对被征服者的服从和寻求庇护。

礼尚往来的核心是让人们注重礼节，崇尚礼仪，是传统人情中交往的彼此尊重。春秋时期，孔子在家收弟子开坛讲学，引起鲁定公的重视，经常请到宫中讲学，季府的总管阳虎特地去看望孔子，孔子借故不见，他知道孔子最讲究礼尚往来，一次特意给孔子留下一只烤乳猪，也终得到孔子回访。相互馈赠礼物是人类社会生活中不可缺少的交往内容。《礼记·曲礼上》说："礼尚往来，往而不来，非礼也，来而不往，亦非礼也。"馈赠礼品代表着双方的关系，是与其他一系列礼仪活动一同产生发展起来的。

礼尚往来注重的是情感，不是攀比，中国有句老话"千里送鹅毛，礼轻人意重"说的就是这个理，人的交往最根本的是感情、思想的交流融合，而非礼品。今天的礼物却大多变了味道，"尚礼"变成了"上礼"，有一段时间，天价月饼成了趋势，包装豪华，搭配的附属品奢侈，价格令人咋舌，天价月饼违背了礼品的初衷。国家三番五次严令禁止，就是要刹住歪风邪气。之所以要严抓严管天价月饼，目的是让大家远离变味儿的人情，回归自然朴实的交往。

古人云："君子之交淡如水，小人之交甘若醴"，礼品只是一种次要的外在形式，如果只以礼品价值大小来衡量友谊、感情的厚薄，那是一种亵渎，也是对"礼尚往来，来而不往非礼也"这一中华民族传统美德的误解。滴水之恩当涌泉相报，知道感恩，以德报恩，才是弘扬中华传统美德。"宝剑赠英雄"体现的是惺惺相惜；"赠人玫瑰，手留余香"体现的是互帮互助；"桃花潭水深千尺，不及汪伦送我情"体现的是依依惜别，这样的经典在五千年历史长河中太多太多。

华夏文化根源在于礼，炎黄文明基础在于礼，孔子曰："道之以德，齐之以礼"，有礼才有和谐社会，有礼才有传统人文精神，有礼才有谦谦君子、宏大追求，有礼才有典雅语言、优美举止、和谐人际、自信气度。"礼"于吾国吾民，当为一种理想之完美生活，为一种追求至善之审美。

重阳席上赋白菊

（唐）白居易

满园花菊郁金黄，中有孤丛色似霜。

还似今朝歌酒席，白头翁入少年场。

　　诗中把雪白的菊花比作是和少年一起载歌载舞的老人，表达了诗人虽年老但保持年轻的心态与情趣。重阳节，又称重九节、晒秋节，古时民间有登高祈福、秋游赏菊、佩插茱萸及饮宴求寿的风俗。今天，又赋予了敬老的意义。1989 年，我国把农历九月九日定为老人节，倡导全社会树立尊老、敬老、爱老、助老的风气，今天就谈谈孝道。

　　孝，中国最早的解释词义的著作《尔雅》里写道，"善事父母为孝"。《诗经》中有这么一段话："父兮生我，母兮鞠我，拊我蓄我，长我育我，顾我复我，出入腹我。欲报之德，昊天罔极。"孝道文化的内涵，伴随中国文明社会的发展，形成了丰富的内容和特定的外延，内化为中华民族的心理情感，成为一种永恒的人文精神、普遍的伦理道德，熔铸于儒家伦理道德思想体系及传统文化之中。

"孝"是重要的伦理思想之一，元代郭居敬辑录亲尝汤药、拾葚异器、扼虎救父、弃官寻母等24个孝子的故事，成为中国古代宣扬儒家思想及孝道的经典读物。当然二十四孝也有局限性，有些极端的方式不适合于现在的文明社会，比如埋儿奉母，鲁迅曾经点评过二十四孝，他说："有些故事可以勉强效仿，有些照着做，会有丢掉性命的危险，还有的，会让人非常反感。"二十四孝是历史产物，在古代社会可能有它积极的作用，但也有和今天的伦理观、价值观不相适应的糟粕，这些是不适合宣扬与强调的。结合今天人们的行为准则，2012年8月13日，我国发布了新版二十四孝标准，与传统的二十四孝相比，新二十四孝更简洁易懂，更符合人们的理念，不仅包括行为上的准则，更强调对老年人心理上的关怀。

孝是优秀的品质，需要榜样的表率，有一则公益广告，孩子看到辛苦一天的妈妈为坐在椅子上的奶奶洗脚，也效仿她的样子，端来一盆水欢快地向母亲走去，这一幕让人感受到浓浓的温情。以实际行动展现出的孝更打动人心，许多人尊老和感恩之心，也因此被唤醒，给父母洗脚一度成了孝顺的重要表现，生活中能为父母洗脚的子女很少，相反把"我给父母洗脚"这样的"孝心"搬上荧屏的活动却很多。万人洗脚的场面蔚为壮观，全国各地竞相效仿，不仅给提供赞助的商家做了广告，还创了吉尼斯纪录，热闹过后不禁要问，这是在尽孝还是在作秀？

孝属于家庭关系、个人隐私，洗脚也只是一种形式。将所谓的孝放置于公共场合让人评判，大庭广众下脱鞋洗脚，从情感上略显尴尬，洗脚全过程估计也就几分钟，却要舟车劳顿，实属折腾。几万人挤在一起，按照主办方的设计露天洗脚，又何谈舒服，一旦洗脚成了有组织的集体活动，原本蕴含其中的尊老孝亲的内涵，就变了味道。培养孩子感恩和孝敬父母，不仅仅是节日时给父母端一次饭、洗一次脚，而是化为日常的行为；培养孝道需要潜移默化的影响，被感恩浸染的一颦一笑，一言一行，一举一动，都会让父母感到安慰和快乐。

是不是顺着父母的意思就为孝？这需要辩证理解。孔子的弟子曾参问孔子，子女顺从父母就可以说是孝吗？孔子回答，当父母有不义的地方，就要设法婉转地去劝阻他们，这样才能使他们不会陷入不义之中。如果一味地顺从，使父母陷入不义之中，这样又怎么能够称为孝呢？孟子也指出要孝但不一定要顺，该顺则顺，不该顺就不顺。唯命是从为一种低级的孝，帮助父母明辨是非，适应社会，更好地生活是高级的孝。在古代，传统的孝道在被封建统治者作为工具时，强调服从，《孔雀东南飞》里的焦仲卿面对封建宗法礼教与母亲的专制，欲抗争，可面对寡母含辛茹苦的养育之恩，又不时地受到良心谴责，一直陷在矛盾的旋涡之中而不能自拔，被迫一退再退，违背心愿遵照母训，休妻酿成悲剧，最终殉情而亡。

在今天，一些老年人经不起忽悠，背着子女深陷传销或投资收藏，听信虚假广告购买一堆无用的保健品，还有的不能分辨真伪上当受骗、损失钱财，老人往往不自觉地陷入个人经验与阅历中，固执得不听他人言。面对生活中的问题，平心静气去探讨一个处理方法显然要比争执埋怨好，父母与子女之间应多交流沟通，对父母内心的关照、精神的呵护是现代人的孝道。

中国的养老方式是以家庭养老为主，这是几千年形成的传统模式，我们提到的孝道，更多的是赡养。在有些人看来，父母老了，做子女的从经济物质上养活他们，吃穿不愁就算报答生育之恩，所以把米面油茶买回家，逢年过节给点钱成了很多人尽孝的方式，但这些远远不够。"今之孝者，是谓能养，至于犬马，皆能有养，不敬，何以别乎？"孔子认为仅仅赡养是不够的，而敬则是关键。

社会的快速发展产生了一个新群体，就是"空巢老人"，他们数月甚至一年才能见到子女，情感上的空虚无法用物质代替。1999 年央视春晚一首《常回家看看》红遍大江南北，简单直接的歌词就是告诉忙碌奔波的人们不要忘记在家的父母，对父母的孝不仅只有父亲节、母亲节的问候，更不是朋友圈里发的"鸡汤"，而是在家时主动承担家务劳动，出门时经常电话沟通，把生活、学习、工作情况告诉父母，让他们放心、省心是更好的孝道。

真挚的情感绝非物质堆积起来的，而是用时间、用心的陪伴。"父母在，不远游，游必有方"，年少时并不懂这句话的意思，总想摆脱父母的束缚，今天身边有很多带着梦想求学的学生，从离家时的兴奋到思念父母潸然泪下。我们总说很爱父母，但却不知道父母真正需要什么样的爱？放假回家，和朋友聚，和同学聚，只有在假期快结束时才发现没在家吃几顿饭，准备了一肚子的话也没说，孝道无需感天动地的誓言，回家陪伴就是最大的孝顺。

孔子将孝道文化提高到人文关怀的理论高度，给予了全方位、多角度的阐述，并不遗余力、身体力行地进行倡导。曾子认为孝是放诸四海而皆准的真理，将孝置于至尊的地位。孝成了中国文化的精髓，已经穿越了时间与空间的界限，成为永恒的命题。习近平总书记说："要发扬中华民族孝亲敬老的传统美德，引导人们自觉承担家庭责任、树立良好家风，强化家庭成员赡养、扶养老年人的责任意识，促进家庭老少和顺。"

"百善有源孝为本。"孝是一个人的立身安命之本。

小 至

（唐）杜甫

天时人事日相催，冬至阳生春又来。

刺绣五纹添弱线，吹葭六琯动浮灰。

岸容待腊将舒柳，山意冲寒欲放梅。

云物不殊乡国异，教儿且覆掌中杯。

冬至，又称日短至、冬节，兼具自然与人文两大内涵，既是二十四节气中一个重要的节气，也是我国民间传统节日。在古代民间有"冬至大如年"的说法，所以古人称冬至为"亚岁"或"小年"，冬至吃饺子，新年在眼前。古人对冬至的重视程度不亚于新年。每逢佳节倍思亲，冬至，写写乡愁。

"露从今夜白，月是故乡明"是杜甫的乡愁；"来日绮窗前，寒梅着花未"是王维的乡愁；"举头望明月，低头思故乡"是李白的乡愁；"悠悠天宇旷，切切故乡情"是张九龄的乡愁。

很难说清乡愁这个词，更难形容这是一种什么样的感受。无论是余光中写道的"一枚小小的邮票，一湾浅浅的海峡"，还是席慕蓉刻画的"一支清远的笛，一棵没有年轮的树"，这些有温度的文字把思乡的情怀表达出来，乡愁几乎是每一个人私密且真实的情感。

爷爷奶奶去世后，我就没回过农村老家，一晃得有十几年了。尽管儿时也仅仅是暑假、春节回去小住几日，但点滴生活却牢牢印记。正如"羁鸟恋旧林，池鱼思故渊"，在城市的高楼大厦待久了，我就时不时地会想起村口的那条河，坡上的那垄地，山上的那座庙，庄里的那院房，经常会遐想"暖暖远人村，依依墟里烟"的恬淡意境。

太原村在甘肃天水张家川县，没有村志、没有史料、没有遗址能证明这个太原和山西的太原有什么联系，一切都是传说或者是"老人说"，还有那句耳熟能详的民谣"问我祖先来何处，山西洪洞大槐树"。当地人更习惯称村名为"郭湾"，其实我也没弄太明白，家家姓张，为何不叫个"张湾"呢？

1982 年的冬天，出生 8 个月的我就跟父母回老家过年，从那时起，我对过年的印象都是在农村的。央视在每年春节前夕都会报道"过年回家路"，离乡外出务工、求学，各行各业的人们背起行囊，形成"人类历史上规模最大、周期性的人类大迁徙"，堪称"全球罕见的人口流动"的春运。"有钱没钱回家过年"，一语道出返乡过年的心情，同样，我的父母也是这种心情。20 世纪 80 年代的交通可不像今天这样发达，火车没有直达，三百公里的山路一走一天，还要冒着班车坏在道上的风险，所以每当听妈妈讲起当年抱着我赶路的艰辛，我就庆幸自己生活在今天这个四通八达的时代。

不得不说，西北农村的年才叫过年，尽管条件有限，但家家户户都会把年过得有滋有味。进了腊月，所有活动都是围绕着过年进行的，扫房、赶集，蒸馍馍、炸油饼，大年三十上午贴对联、晚上祭祖，零点去庙里上香祈求来年风调雨顺；初一早上，全村人挨家挨户拜年，孩子们从老奶奶的手里抢糖果；初二，把家里的牲口牵到场里遛一遛、跑一跑；初三，开始走亲戚；初四开始，各村各乡的社火、狮子、旱船则耍了起来，那几日，村里的锣鼓声、爆竹声持续不断。如今，农村过年虽然简化了很多过去的风俗、礼节，但热闹程度也是城市比不了的。

受地理、环境、交通等客观因素制约，再加上教育和观念的落后，过去的家乡确实穷，真是那句"交通基本靠走，通讯基本靠吼"，没有电话，没有信号，电视只能收到一两个台，有时连电都不能保证，商店里多数都是三无产品，最能体现的就是千篇一律的饭桌，一碗长面，散饭搅团，土豆、韭菜，再无其他。今天看来都是少油少盐的健康饮食，但在当时，确实因为条件所限。今天的餐桌和往日不同，一碗牛肉萝卜烩菜打开味蕾，摆个酒碟，划拳喝酒搞好气氛，最后上碗热腾腾的面条压轴，浇一勺用醋勾兑的汤水，家乡的"酸饭"就呈现在餐桌上。热面不仅仅是冬天里充饥补充能量的食物，更是对一年辛勤劳作的肯定，美食只留给最勤劳的人们，也只有通过劳动才能获得。

成形于 2000 多年前的中国历书，依据时间更替与气象变化的规律，一年里安排了 24 个节气来指导农事，"春雨惊春清谷天，夏满芒夏暑相连，秋处露秋寒霜降，冬雪雪冬小大寒"。爷爷是典型的农民，他用自己的方式感知季节的变化。春分，过冬作物进入春季生长阶段，民间有"春分麦起身，一刻值千金"的谚语；芒种是麦类等有芒作物的成熟时节，是一个反映农业物候现象的节气；等等，在过去"靠天吃饭"的农村，对节气的熟悉是全家生活的保障。四季轮回，应季而作，应季而收，爷爷用祖先的经验获得丰沛的回报。

小学毕业的那年暑假，我几乎都住在老家，让我体验了过年之外的农村生活。家有 7 块地，6 亩左右，分布在不同的地段，最近的在村口河边，最远的要走两个多小时，翻好几座山才能到。地因山势而修，机器无法开进蜿蜒盘旋的山间小路，只有人力才能完成收割，爷爷找来麦客帮忙。为了避开晌午最正的日头，麦客们下午三点才出发，忙碌到很晚才回来，一顿"干饭"过后，还有更繁重的劳动等待着他们，收割、打捆、曝晒、扬场、分类、回仓、翻地，一个夏天，爷爷都在忙碌，吃着自己种的粮食，一家人因为勤劳而感到踏实。

还有一件事情让我印象深刻。上城门有一家油坊，一年中的绝大时间都是关门的，只有胡麻成熟的时候，油坊才有生意做。爷爷把提前炒熟了的胡麻送到油坊排队等候，排上几天也不稀奇，过去榨油全靠人工，七八百斤以上的胡麻才可以榨成一桶油，磨胡麻的不是电器，而是牲口拉着石磨，人在旁边不断搅拌。用成捆的胡麻杆烧蒸锅，磨好的胡麻籽蒸到恰好，再用碾场的石杵往下压，反反复复榨出油。这样一桶饱含辛勤汗水的胡麻油不久后就会出现在 300 公里之外我家的餐桌上，如今时代快速发展，榨油也告别了烦琐复杂的程序，等我再去寻找那间油坊，也已找不到踪迹。

2019 年春节，我回到了阔别已久的老家，从过去几公里都见不到一辆车到现在限速 60，车来车往，已感觉到明显的变化。公路两边的新农村建设已具规模，昔日的沙石路变为柏油路，告别了尘土飞扬的年代，村口架起的桥方便出入，夹道泥泞的土路铺上了水泥，再也不用担心车陷进去，巷道两边盖起不少新房，停满了返乡的车辆，爬山小道修建了阶梯，半山的公园、戏台、体育设施是村民文化娱乐之地，村里的商店方便快捷，新落成的小学也即将投入使用。农村离不开养殖，过去，猪圈、牛棚、鸡窝等与厕所混在一起，夏天蚊蝇滋生，如今，养殖大户集中科学养殖，村里正在实施"厕所革命"，这些翻天覆地的变化让我兴奋不已。

今天的家乡已不是我印象中的家乡了，童年的记忆只能从发黄的老照片里寻找，变化的是岁月时间，不变的是乡土乡情，变化的是村容村貌，不变的是乡里乡亲。围坐在炉子旁，烤烤土豆、玉米，聊聊家长里短，正是这些人间烟火，让家庭组织更加紧密。

乡愁是道不尽、写不完的，"看得见山，望得见水，记得住乡愁"。这是城市与农村共同的生活愿景，"留得住青山绿水，记得住乡愁。乡愁是你离开这个地方会想念这个地方"。

腊八节谈生活

农历十二月初八

腊 日

（唐）杜甫

腊日常年暖尚遥，今年腊日冻全消。

侵陵雪色还萱草，漏泄春光有柳条。

纵酒欲谋良夜醉，还家初散紫宸朝。

口脂面药随恩泽，翠管银罂下九霄。

　　"腊八"源于南北朝时期，当时称为"腊日"，古人有祭祀祖先和神灵、祈求丰收吉祥的传统，相传这一天还是佛祖释迦牟尼成道之日，称为"法宝节"，本为佛教节日，后经历代演变，逐渐发展成为家喻户晓的民间节日。

　　中国人在腊八吃粥的习俗已有一千多年，腊八粥也叫七宝五味粥，最早始于宋代，每逢腊八，不论是朝廷、官府、寺院还是黎民百姓家都要做腊八粥。到了清朝，喝腊八粥的风俗更是盛行，在宫廷，皇室要向文武百官、侍从宫女赐腊八粥，并向各个寺院发放米、果等，提供给僧侣食用，在民间，家家户户也要熬粥，祭祀祖先，同时，合家团聚一起食用，馈赠亲朋好友。

粥的历史源远流长。关于粥的文字，最早见于《周书》"黄帝始烹谷为粥"。熬粥看似简单，但要熬出一锅好粥并非易事，把颜色、形状、味道各不相同的原料放在一起，红枣、苡仁、莲子、百合、小米、红豆等杂七杂八的一锅煮下去，在火的催化下，经时间推移，一碗粥很难再明确区分出食材的原始状态，也很难说清更偏向什么食材的味道，对粥的最高评价也许就是好喝二字。"我得宛丘平易法，只将食粥致神仙"，74岁的陆游写下这样一句诗，对食用粥的好处夸赞备至，认为可以延年益寿似神仙。

粥是中国浩瀚饮食文化中的一种，饮食文化博大精神，通过食品能了解一个地区的风土人情、民族习惯。饮食与个人息息相关，是人类最重要的生活方式，涵盖了社交、叙旧、沟通等意思，是亲情、友情、爱情的慰藉，会吃、懂吃、爱吃是热爱生活的表现。每到腊八，我都熬粥请学生品尝，熬一锅好粥不仅食材要新鲜，还有对时间的把握、火候的控制，烹饪是一种生活享受，也是一种人生态度。

"人生好比粥一锅，煎熬滚煮耐琢磨。宜疾宜徐看火候，酸甜苦辣自张罗。"把熬粥与人生做类比，有几分道理，与人相处好比熬粥，不经历一番煎熬磨合，又岂能品到生活百味？电视剧中，康熙皇帝微服私访开八宝粥铺，落魄秀才谭一德以一碗粥为题材洋洋洒洒写下美文，由粥而谈及国事，谈满汉一家，满汉平、天下平等要理，食物成为一国之君与普通百姓沟通的媒介，而对于寻常人家，食物则是不曾停歇的脚步与割舍不断的亲情。

父母对孩子的疼爱最直接的体现就是食物。儿时的事我已记不太清，只是从父母的口述中得知全家人对我的关爱。我小时候经常生病，牛奶是增强体质的必需品，当时凭票限量，买牛奶不是容易的事。父亲每天早上5点就去牛奶厂，一个来回就是个把小时，一走就是好几年。在计划经济的年代，鱼是餐桌上的奢侈品，爸妈把炖好的带鱼剔刺，全部给我享用。今天看来，一包牛奶，一条带鱼再平常不过了，可当时很稀罕，后来家里的生活条件越来越好，餐桌上也越来越丰富，但牛奶、带鱼仍是我的最爱，因为那不仅是食物，更是我成长的记忆。

无论什么样的厨房，什么样的食材，一旦注入感情，都能变成美食的秘境。上大学时，家离学校半小时车程，虽然近但我也很少回家，说不清在忙啥，父母总来学校探班，带上一大盆红烧肉，烤很多鸡腿，让我和同学一起改善伙食，为了一口热饭，他们用最快的速度送到学校。2004年，我异地读研，父母来看我之前都问我带什么，我的回答是家里的饭。一碗家乡味将被带往1600公里之外，他们下了飞机打车直奔学校，带来家里炖的牛肉，当咬下第一口，我已潸然泪下。千百年来食物就这样伴随着人们的脚步不停迁徙、不断流变，无论脚步走多远，在人的脑海中，只有故乡的味道最熟悉，它就像一个味觉定位系统，一头锁定了千里之外的异地，另一头则永远牵绊着记忆深处的故乡。

"亭上十分绿醑酒，盘中一味黄金鸡"，这是李白对鸡肉的描写；"烹羊宰牛且为乐，会须一饮三百杯"，这是李白借美食对情感的一种表达；"蒌蒿满地芦芽短，正是河豚欲上时""江上往来人，但爱鲈鱼美"，这分别是苏轼和范仲淹对河鲜的表述；"汤饼一杯银线乱，蒌蒿数筋玉簪横"，这是黄庭坚对福建小吃"线面"的表述；"桂花香馅裹胡桃，江米如珠井水淘"，这是清代符曾对元宵的描绘。古代文人留下不少描写美食的传世佳作。《舌尖上的中国》风靡全国，观众喜欢看不仅是因为对美食的追崇，更是因为对祖国各地饮食文化产生的浓厚兴趣，对美好生活的向往。片子记录了很多故事，主人公无论地位高低，烹饪无论果腹还是饕餮，形式无论聚会还是宴请，目的无论养生还是解馋，均体现了他们积极的生活态度。

我把烹饪当成最好的休息方式，把各种各样的食材重新组合在一起，经过加工再创造，赋予新的含义。海南到上海的鲍鱼，珠海到成都的石斑，广西到北京的蔬菜，昆明到新疆的鲜蘑，今天的物流大大加快了食材迁徙的速度。路途之上，行色匆匆的已经不只是人，食物也在传播流转，聚散之间衍化出不同的形态和风味。每到一地，我都会选取当地特色食材，休息时，我会做一大桌菜，邀请朋友来家品尝。生活就是这样，无论多忙，都要放慢脚步，除了心灵鸡汤，还需要物质食粮。五湖四海的朋友围坐一起是缘，四面八方的食材齐聚一桌也是缘，生活除了诗和远方，还有美食和靓汤。

我家更像是朋友和学生们聚会的"据点"，大家喜欢品尝我的手艺，我也乐此不疲。红烧肉是每次都要做的主菜，凉水下锅，焯出血沫，再放到凉水里紧致，让皮和肉更有嚼头，酱油咸盐，桂皮香叶，小火炖制，剩下的就是时间和耐心了。我每到一地，都会品尝当地的红烧肉，湖南的毛氏红烧肉鲜甜诱人，不用酱油，颜色完全靠糖色；上海的笋干烧肉，荤素完美结合，口感俱佳；浙江的东坡肉圆润丰满、肥而不腻；福建客家的梅菜扣肉，香气四溢，清甜爽口；江苏的苏氏红烧肉酥而不碎、甜而不粘、浓而不咸。但我还是喜欢吃母亲做的，熟悉的味道伴我长大，母亲把味觉深植在我的记忆中，这是不自觉的本能，这些种子一旦生根、发芽，即使走得再远，熟悉的味道也会提醒我家的方向。

小舅经营一家饭馆，店面不大，但生意红火，做的是家常菜，面对的是工薪阶层。他从早上 5 点多就开始准备，一直忙碌到晚上。每天清晨，他都会亲自去市场采买，从米面蔬菜到肉蛋鱼禽，每样都要经过精心挑选，小摩托上运输的不仅是赚钱的物品，更是他对食客的责任。没有华丽的装修，没有独特的秘方，只有灶台上下翻滚的铁锅和手中的炒勺。旁边的饭馆一家家地换，品种也是天天变，但他的饭馆依然是整条街最火爆的，有很多人大老远驱车来就为吃一碗菜拌面。夜幕降临，忙碌的工作接近尾声，他和员工们围坐一起，弄几个小菜，喝几口小酒，缓解一天的辛劳，一桌人因辛勤的劳作而感到踏实，与其说这盘家常菜展示的是厨艺，不如说，表达的是他对待生活的态度。

明代有一首《煮粥诗》流传至今，"煮饭何如煮粥强，好同儿女细商量。一升可作二升用，两日堪为六日粮。有客只须添水火，无钱不必向羹汤。莫言淡薄少滋味，淡薄之中滋味长"。人仿佛是待煮的米，心境是煮粥的水，而年龄就是熬粥的火。年少血气方刚，是一锅清水，清澈无味、不谙世事；待各种食材下锅，大火转文火，米要与辅料充分融合，人到中年，环境多变，要与环境不断调试达到和谐，否则随时都会"糊锅"；关火起锅时，已到耄耋之年，经历过了也看开了，性子也平和许多，人与生活形成整体，你中有我，我中有你。

熬粥为食，要心无杂念，平心静气。心若着急，所有材料一股脑全倒进锅里，不分先后顺序，影响口感；心要慢就容易懒，延误时机，失之交臂，粥到最后成了稀饭。从熬粥谈到生活，品到人生，"静胜躁，寒胜热，清净为天下正"。

除夜有怀

（唐）杜审言

故节当歌守，新年把烛迎。

冬氛恋虬箭，春色候鸡鸣。

兴尽闻壶覆，宵阑见斗横。

还将万亿寿，更谒九重城。

除，即去除；夕，指夜晚。除夕是阖家团圆、万象更新的节日。

除夕，又称大年夜、除夕夜、除夜、岁除等，是每年农历腊月的最后一个晚上，因常在农历腊月二十九或三十日，故又称年三十，是我国最重要的传统节日之一。在中国人的观念里，没有哪个节的重要性能超过春节，张灯结彩，辞旧迎新，过年对每个家庭、每个人都有特殊的意义，家人团聚，走亲访友，喝酒聊天，快哉美哉。

过年过什么？很多人都有这样的疑问，有人说"生活条件好了，天天都在过年"。也有人说"年味越来越淡，很没意思"。春晚的舞台不如手机抢红包更有吸引力，熬夜守岁也是喝酒搓麻，大多人过年只有一个主题"吃喝玩乐"。南朝范晔《后汉书·杨秉传》里提道人生四戒"酒色财气"，从字面上看和吃喝玩乐有些关系，千万不要一看见酒色财气就觉得庸俗，其实上下五千年，人类历史长河从未离开过酒色财气，酒色财气要看度，度把握到位，则会成为好的社会风尚。

相传苏东坡到大相国寺探望林了元，在禅房独自斟酌时见墙上题诗一首"酒色财气四堵墙，人人都在里边藏。谁能跳出圈外头，不活百岁寿也长"。苏东坡见诗写得颇有哲理，但感觉四大皆空，既然人世间离不开酒色财气，躲也躲不开，那为何不能因势利导？于是就在诗右侧题上《和佛印禅师诗》，其诗云"饮酒不醉是英豪，恋色不迷最为高。不义之财不可取，有气不生气自消"。转天，宋神宗来到大相国寺，看了墙上的题诗后，让陪同而来的王安石也写一首，他在佛印题诗左侧题《亦和佛印禅师诗》，"无酒不成礼仪，无色路断人稀。无财民不奋发，无气国无生机"。王安石以诗人的智慧将酒色财气与国家社稷、人民生计结合起来，赋予新的生机和喜庆色彩。宋神宗极为赞赏，乘兴也赋诗一首，"酒助礼乐社稷康，色育生灵重纲常。财足粮丰家国盛，气凝太极定阴阳"。

四个人，四种身份；四首诗，四种态度。林了元作为僧人对"酒色财气"的态度是"戒"，为的是修行与寿命；苏东坡，文人的态度是"度"，准则下的真性情；王安石为宰相，态度是"引导"，为的是国家与社稷；而皇帝考虑的层面更高了，将"酒色财气"为我所用。

生活因酒丰富多彩，茫茫尘寰增添许多脍炙人口的佳话，高兴时喝酒助兴，失落时借酒消愁。朋友间开怀畅饮，互诉衷肠，有矛盾了喝杯酒冰释前嫌。我国有三千多年的酒文化，关于酒的描述数不胜数，《醒世恒言》有一首西江月词"酒可陶情适性，兼能解闷消愁。三杯五盏乐悠悠，痛饮翻能损寿"。三国曹操就有"对酒当歌，人生几何"的感悟。

酒是粮食精华，却不能充饥，不能解渴，只作用于人的心神，心神经酒刺激，产生奇妙变化，言谈举止便不同寻常了。孙悟空酒醉大闹天宫，武松醉打蒋门神，关羽温酒斩华雄。如果没酒，这些英雄豪杰的感染力会大打折扣。诗仙李白很多名篇佳作都是酒后所写，"兴酣落笔摇五岳，诗成啸傲凌沧州"，李白的诗离不开酒，诗中的酒也离不开李白，即诗外的酒和诗中的酒已融为一体，酒成就了李白，也辉煌了唐诗，"敏捷诗千首，飘零酒一杯"，这是杜甫对李白一生的最佳写照。

上至宫廷，下到市井，无论身份高贵卑微，皆饮酒。金銮殿里的天子赐宴，三家村时的老翁对酌，虽然气派迥异，但从佳酿或旧醅中品味美妙过程，感觉是一样的。无酒不成席，酒在不同场合、不同背景下发挥着不同作用，关于酒的故事也在不断演绎。不能喝酒的人敢喝酒是仗义，如同《天龙八部》里的段誉，一身侠气；能喝酒又敢喝酒的人是一种豪迈，就像乔峰，一身豪气；不能喝酒又不敢喝酒的人要理解，就像虚竹，他要守清规戒律，一身正气。

不能把自己的喜好强加于别人，更不能为了尽兴让他人受罪，评价一个人的酒量，不是看能往肚里灌多少，而是酒后的表现，这称为酒品，张飞真性情又能喝酒，但也因此让吕布偷了徐州，因酒误了大事。喝酒也要看天时地利人和，心情好，酒友投脾气，自然能多酌几杯，否则，酒不醉人人自醉，酒入愁肠愁更愁。喝酒与酗酒在一字之间，品酒与闹酒也在一字之间，少量饮酒，三杯五盏，不但可以沟通感情，陶冶情操，也能舒筋骨，抗疲劳，但过量酗酒百害无益，不但伤身体、损寿命，还会忘乎所以，得意忘形，大话连篇，乱情志、误事业、毁前程，无异于饮鸩止渴。

"色育生灵重纲常""无色路断人稀"，人的美好生活和繁衍生息离不开色。中国人自古就向往男耕女织、男欢女爱、相敬如宾的美好生活，君不闻"树上的鸟儿成双对，绿水青山带笑颜"。《诗经·国风·周南》里提到："关关雎鸠，在河之洲。窈窕淑女，君子好逑。"内容其实很单纯，是写一个"君子"对"淑女"的追求，写他追求不到"淑女"时心里烦闷，夜不能寐，得到"淑女"心情愉悦，奏乐庆贺，并以此让"淑女"开心。这首诗可以被当作表现模范福气的典范，家庭是社会组织的基本单元，其和谐稳定对于整个社会秩序意义重大，《关雎》所歌颂的是一种感情克制、行为谨慎、以婚姻和谐为目标的爱情，这是最理想的状态，在家庭的伦理观念中，色是不可或缺的。

《孟子·告子上》有言："食色，性也"，意思是性和吃饭一样，是生理必须，无善也无恶，无雅也无俗，都是正常事。但告子只说出了人与动物的类似特性。孟子补充道："仁义礼智，非由外铄我也，我固有之也，弗思耳矣。"他的观点为仁义礼智也是人的本性，孟子补充了人与动物有着本质不同的特性，并要求人应该尽所能的仁义礼智。这番争论很好地解释了对色该有的把持与态度。"色字头上一把刀"，当一个社会的道德规范遭到破坏时，也首先会在色上出现恣肆放流的情形，朝三暮四、朝秦暮楚、男盗女娼、钱色交易，会陷入淫靡的歧途，惹是生非，藏污纳垢，滋生祸端。

历史上有许多因好色而亡国败名的人，商纣王因贪色丢掉江山，周幽王为博美人一笑，烽火戏诸侯把命丢掉，唐玄宗与杨贵妃日日长生殿、夜夜华清池引安史之乱，荒淫无度害己、害人、害民、害国。子曰："吾未见好德如好色者也。"好色是建立在生理基础上的心理，好德则是超越这个层面的一种升华，人要讲究仁义道德，爱自己的美德要像爱好美色一样，形成自然倾向，欲望人人都有，但控制欲望则需自律，需高尚的美德，"坐怀不乱"的柳下惠就是两性道德方面情操高尚、作风正派的典范。

中国传统文化里有很多吉祥寓意的文字与图画，比如"福禄寿喜财"，民间年画里也多有财源滚滚的图案，挂满金银财宝的摇钱树，金龙吐钱，童子拾金，等等，这样的表现在东汉后期就有了，四川宜宾山谷祠东汉墓出土的摇钱树座就有摇钱的画面，两千年前，古人用聚宝盆和摇钱树来寄托对财富的渴望。

对财富的追求是人的本性，是人类生存、发展、创造的原动力，人们想生活得好一些，争取相对丰厚的物质利益，无可厚非，但"君子爱财，取之有道"，不义之财不可妄取，否则，利令智昏、见利忘义、见钱眼开、唯利是图、巧取豪夺，寻求一夜暴富，轻则遭老百姓唾骂，重则身陷囹圄。

中国人对财的态度也是发生变化的，过去谈财色变，似乎张口谈钱就是思想落后的表现，随着时代的进步，财也不是那么灰色了，按劳取酬有什么不好意思的，连孔圣人都说过"富而可求也；虽执鞭之士，吾亦为之。如不可求，从吾所好"。只要来的正，财还是越多越好的。

拼搏取财是一方面，而怎么用好财是对人的另一种考验，有句老话"富不过三代"。很多家族从鼎盛到衰败的案例让我们疑惑，这莫非是一个自然规律？老一代人通过打拼积累的财富供子孙享受，所以诞生了一个新的群体"富二代"及"富三代"，衣食无忧的后人是无法体会创业的艰辛，面对财富易膨胀，做出些过格、荒唐的事情就不以为奇了，一掷千金也许是表面的繁荣，精神的空虚。弗朗西斯·培根在《论财富》中写道："不要寻求令人称羡的财富，应当追求这样的境界：对财富正当地获取，清醒地使用，愉快地施舍并能知足地放弃。"我想这应该是可行的财富观。

最后谈气，人间世事，气象万千，人的生活离不开"气"。但遇到不顺心的事万万不可生气，因为气大伤身，不但会导致生理机能紊乱，还会使人思路变窄，一气之下干出蠢事、傻事。过年本是开心事，家人朋友聚会吃饭，几杯酒下肚，陈年旧事，鸡毛蒜皮统统都想起来，一些"陈芝麻烂谷子"在酒精的催化下往往让人动怒，一言不合就生气，把好事变成坏事。

人要学会"舒气"和"控制"，气不顺的时候自我调节，想爆发的时候分散下注意力，想起一首《莫生气》，"人生就像一场戏，因为有缘才相聚。相扶到老不容易，是否更该去珍惜。为了小事发脾气，回头想想又何必。别人生气我不气，气出病来无人替。我若气死谁如意？况且伤神又费力。邻居亲朋不要比，儿孙琐事由他去。吃苦享乐在一起，神仙羡慕好伴侣"。

家里挂着一幅书法，上写"精气神"，鼓励我每天都要充满动力的工作生活。"人活着，总是要有一点精神的"，这是毛泽东主席的名言。中国是一个大国，中华民族是一个伟大的民族，需要一种精神，需要一种民族精神来支撑，"三寸清气千般用，一朝无常万事休"，做人要有骨气，做事要大气，工作要锐气，贫穷要有志气，生活需要喜气，遇到挫折要有勇气，气可谓是人的精神与品格，气宇轩昂、意气风发等都是说人的精神风貌，如果不是为了争口气而拼搏，人的价值也无从体现了。

贪酒、好色、爱财、气盛，在生活中，我们听到的"酒色财气"多半是形容某人不好，但换个角度看，并不是一无是处，相反还有好的一面，只要认识到位，控制到位，把握到位，贬义就会成褒义，人生四戒也会成为一种新的社会风尚。

第二章

纪念性节日

有节有理——与大学生谈节日

梅岭三章（其三）

陈毅

投身革命即为家，血雨腥风应有涯。

取义成仁今日事，人间遍种自由花。

把 7 月 1 日作为党的诞生纪念日，是毛泽东于 1938 年 5 月提出来的。当时，毛泽东在《论持久战》一文中提出，"今年七月一日，是中国共产党建立的十七周年纪念日"。这是中央领导同志第一次明确提出"七一"是党的诞生纪念日。

"其作始也简，其将毕也必巨。"从 13 人到 9000 多万人，筚路蓝缕。刘少奇同志说："这是我们党最重要的纪念日，也是中国人民、中国民族最重要的纪念日。"每年"七一"，全国各地都会热烈庆祝党的诞生纪念日，朋友圈里被各种形式的纪念演出、表彰大会、参观活动刷屏，参加全校的"七一"表彰大会，看到身边同事有很多优秀的党员上台领奖，萌发了写作灵感，在这个重要的时间里，谈谈荣誉。

2019年，在庆祝新中国成立70周年之际，习近平总书记向国家勋章和国家荣誉称号获得者分别授予"共和国勋章""友谊勋章"和国家荣誉称号奖章并发表重要讲话，指出：他们"是千千万万为党和人民事业作出贡献的杰出人士的代表，他们身上生动体现了中华民族精神和社会主义核心价值观"。总书记高度肯定了荣誉称号获得者在为中国人民谋幸福、为中华民族谋复兴的伟大征程中所做出的努力，不变的初心和使命是激励一代代中国共产党人前赴后继、英勇奋斗的根本动力。

战争时期，要为董存瑞、邱少云等抛头颅洒热血的革命英雄颁发荣誉；建设时期，要为钱学森、邓稼先等冲破阻挠回国参与建设的科学家颁发荣誉，也要为焦裕禄、孔繁森等鞠躬尽瘁的人民公仆颁发荣誉；新时代，要为黄大年、王继才这样无私忘我的共产党员颁发荣誉。这些榜样为国家、为人民放弃优越生活甚至牺牲生命的时候，他们想到过荣誉吗？没有。这些人为的是信仰，为的是初心，这种荣誉来自于感人至深、拼搏向上的精神，来自共产党员的身份标识。荣誉可以不是证书，可以不是奖励，但绝对是口口相传的称赞。

荣誉的背后是精忠报国的忠诚，是坚守一心为民的理想信念，坚守为中国人民谋幸福、为中华民族谋复兴的初心使命。"崇尚英雄才会产生英雄，争做英雄才能英雄辈出。"关键时刻力挽狂澜的可谓英雄，可歌可泣，在平凡岗位作出贡献的也可称英雄，英雄是一种精神，是一个符号，融合了我们中华儿女共同的信仰和价值观。这种宝贵的精神财富在任何时代都弥足珍贵。"天下兴亡，匹夫有责"的自我觉悟，"苟利国家生死以，岂因祸福避趋之"的大义凛然，"青山处处埋忠骨，何须马革裹尸还"的壮志豪情，"在烈火与热血中得到永生"的伟大情怀，无不闪耀着中华民族的精神光辉。"伟大出自平凡，平凡造就伟大"，深藏功名60余载的张富清老人，以生命诠释共产党人初心使命的黄文秀，四川 30 位救火英雄，无数鲜活的事例足以证明共产党是一个先进的政党。

荣誉的背后是坚持不懈的执着，是坚定不移为国为民奉献的志向，对事业无怨无悔的坚守，为民族复兴拼搏奋斗始终不改的赤子之心。历经了 22 年的风雨，巨型"天眼"终于向世界睁开，让中国的射电天文学一举领先世界水平 10 到 20 年。就在"中国天眼"运行将满一年、首批成果即将出炉的时候，72 岁的南仁东却悄然离去，这位将毕生心血都奉献给了"天眼"，被尊为"中国天眼之父"的老人，再也看不到这一切了。南仁东 24 年专注做了一件事，将 FAST 变为现实，他当初选择为后人建造超级望远镜是为了荣誉？ 70 岁高龄的他依然奋战在科研一线是为了荣誉？他的荣誉不仅仅是"时代楷模"的称号，而是"一眼万年"的发现。

荣誉的背后是无私奉献的朴实，是不计个人得失，舍小家顾大家，做隐姓埋名人、干惊天动地事的无我境界。7000 名库布其治沙人 25 年来持续改造和治理沙漠，从一寸、一米、一亩，形成今天五千多平方公里的绿洲。以甘肃省古浪县"六老汉"为代表的八步沙林场三代职工治沙造林，为构筑西部生态安全屏障作出了积极贡献，创造荒漠变林海的人间奇迹。他们当初选择治沙难道为了荣誉？不，他们的坚持不在于奖励，而在于生存，体现在人与自然环境的抗争上，造福子孙后代的初心，正是敢为人先的精神，才生动书写了从"沙逼人退""沙进人退"到"绿进沙退""人沙和谐"的绿色篇章。

"革命尚未成功，同志仍需努力"这句大家耳熟能详的话是从孙中山先生政治遗嘱中提炼出来的。这是 1925 年的事，将近一个世纪过去了，我们国家发生了翻天覆地的变化，那么今天重提这句话"过时"了吗？基于一代代国人努力拼搏，生在和平年代的我们享受科技、经济发展带来的幸福生活时，是不是可以认为革命已经成功了，能"躺在功劳簿上睡大觉"了？习近平总书记在十八届中央政治局常委与中外记者见面时说："我们的党是全心全意为人民服务的政党。党领导人民已经取得举世瞩目的成就，我们完全有理由因此而自豪，但我们自豪而不自满，决不会躺在过去的功劳簿上。"荣誉属于过去。

要正确对待荣誉，长期沉浸在过去荣誉中，就可能被荣誉冲昏头脑，甚至把荣誉当成挡箭牌、庇护伞，肆无忌惮从事不法勾当，党员队伍里出现的"老虎""苍蝇"，多数都曾在自己的岗位上干出过成绩，曾经也获得很高荣誉，有的甚至堪称居功至伟，但在经济快速发展的浪潮中不能守身，最终在歧途上越走越远。为适应执政、改革开放和发展社会主义市场经济的新情况新问题，中国共产党提出了加强党的建设的基本方针和根本要求，那就是"从严治党"，一个执政党敢于正视自己，不惜以"刮骨疗毒""壮士断腕"的决心去治理，就充分说明我们党非常注重自己的荣誉。

要对荣誉充满尊重与敬畏，才能够拿得起、放得下，既不被荣誉带来的压力压垮，也不因获得荣誉而狂妄自大。荣誉是人民对榜样的肯定，党员干部应当有"实干兴邦"的态度，摒弃希望"立竿见影"为自己"攫取名利"的想法，青年学生应当有"功成不必在我"的心态，理应把人生价值定位在服务党和人民的事业上，把个人前途与党和国家的命运紧密结合在一起，而不是追求个人目标的实现、个人私欲的满足，更不可沽名钓誉。

要珍惜"共产党员"的称号，这个称号本身就是一种荣誉，牢记"共产党员"这个称号所赋予我们的使命和意义，关键时刻亮出党员身份，以"我是共产党员"而自豪。周恩来总理生前喜欢在胸前佩戴一枚"为人民服务"的徽章，并用自己的行动实践着"为人民服务"的思想。增强共产党员的光荣感和使命感才会有为党的事业不懈奋斗的坚定性，才会有发挥先锋模范作用、扎根基层服务人民的自觉性。

荣誉如金，历久弥新。不同时期，历史与人民赋予共产党员不同内涵的荣誉。习近平总书记在对党和国家功勋荣誉表彰工作作出重要指示时强调："要充分发挥党和国家功勋荣誉表彰的精神引领、典型示范作用，推动全社会形成见贤思齐、崇尚英雄、争做先锋的良好氛围。"由此看出党也非常关注人民取得的荣誉。

"全心全意为人民服务"是毛泽东同志的荣誉；"当人民的勤务员"是邓小平同志的荣誉；"我将无我，不负人民"是习近平总书记的荣誉，荣誉激励我们更加努力。

『七七事变』纪念日谈历史

公历七月七日

塞下曲

（唐）李白

五月天山雪，无花只有寒。

笛中闻折柳，春色未曾看。

晓战随金鼓，宵眠抱玉鞍。

愿将腰下剑，直为斩楼兰。

1937年7月7日夜，日军在卢沟桥附近演习，借口一名士兵"失踪"，要求进入宛平县城搜查，遭到中国守军第29军严词拒绝，日军炮轰宛平城，发动了震惊中外的"七七事变"，七七事变是日本帝国主义全面侵华战争的开始。一寸河山一寸血，那段历史不能忘，今天是"七七"抗战纪念日，以文字纪念抗日战争的胜利。

我对抗日战争的了解要从黑白胶片电影说起，《地道战》《地雷战》

《小兵张嘎》《狼牙山五壮士》《鸡毛信》，这五部影片估计每一个"80后"都看过，而且不止一遍，尽管剧情早已烂熟于心，但我仍时不时打开电脑，重温影片。同类经典电影还有很多，如《野火春风斗古城》《铁道游击队》《七七事变》等，老艺术家们生动塑造出了李向阳、刘洪、赵一曼、杨靖宇等一大批民族英雄，同时也让我们看清了汤司令、胡传魁、张金龙等卖国求荣的汉奸，龟田、松井、鸠山等侵华日寇丑陋的嘴脸。

相比今天抗日题材的影视剧，老电影是一股清流，为什么这些拍摄手段落后、效果一般的电影仍能抓住观众的心，就是因为尊重历史，真实地还原了当时军事力量的敌强我弱。那时的中国，经济基础薄弱，国防力量、武器装备落后，战争初期，无论是正面战场交锋，还是在敌后根据地，我军一直处于不利地位。面对装备精良的敌人，我们以惨痛的代价积累作战经验，根据八路军老兵回忆，战场上杀死一名敌军异常困难，剿灭 5 名就可能升少尉，绝非"神剧"中演的那样荒诞，战争没有抗日奇侠，只有不是你死就是我亡的肉搏，只有人在阵地在，拼光最后一个的豪迈。老一代电影人再现了战争的残酷，歌颂了中国人民不屈不挠的精神，让生在新中国，长在红旗下的我们感受到了和平的来之不易。

"忘记历史就意味着背叛，否认罪责就意味着重犯。"国新办曾公布一组数据，抗日战争期间，中国平民伤亡 800 人以上的惨案有 173 件，中国抗战毙伤俘日军 150 余万，中国军民伤亡 3500 万以上，其中军队伤亡 413 万，占各国伤亡人数总和的三分之一。按照 1937 年比价，中国官方财产损失和战争消耗达 1000 多亿美元，间接经济损失达 5000 亿美元，这些数字是那段历史的证据。可抗日战争和世界反法西斯战争胜利过去这么多年了，日本一些政治组织和政治人物依然在矢口否认日军侵略的野蛮罪行，依然在执意参拜双手沾满鲜血的战犯依然在发表美化侵略战争和殖民统治的言论，依然在藐视历史事实和国际正义，依然在挑战人类良知。"事实就是事实，公理就是公理。在事实和公理面前，一切信口雌黄、指鹿为马的言行都是徒劳的。黑的就是黑的，说一万遍也不可能变成白的；白的就是白的，说一万遍也不可能变成黑的。一切颠倒黑白的做法，最后都只能是自欺欺人。"习近平总书记的话振聋发聩。

历史的车轮总是在前进，和平是永恒的主题，为了让中日邦交正常化，我国领导人为改善和发展中日关系倾注了大量心血。新中国成立初期，毛泽东和周恩来就一再指出，要把日本广大人民同极少数军国主义分子严格区别开来，广大日本人民没有战争责任，他们也是侵略战争的受害者，愿意同中国人民友好。1972年，冲破层层阻碍，中日邦交实现正常化，我国政府宣布"为了中日两国人民的友好，放弃对日本国的战争赔偿要求。"睦邻友邦、天下太平，中华民族自古就是爱好和平的民族，和而不同、天下大同等理念世代相传。"我们不应因一个民族中有少数军国主义分子发起侵略战争就仇视这个民族，战争的罪责在少数军国主义分子而不在人民，但人们任何时候都不应忘记侵略者所犯下的严重罪行。"这是中国人民对历史的态度。

历史已翻过沉重的一页，战争的硝烟也离我们远去，但历史不会因时代变迁而改变，更不能因时间而忘记。一百年前，中国被西方列强欺凌，19岁的周恩来怀着"愿相会于中华腾飞世界时"的美好愿望出国留学，探索救亡图存、振兴中华之路。70年前，新中国刚成立时，百废待兴，开国大典上飞机不够，周总理说"飞机不够就飞两遍"。今天，战鹰列阵、呼啸苍穹，飞机不用再飞两遍。今日之中国把科技创新和教育事业摆在重要位置，全民科学意识觉醒，中国科教事业发展的良好环境成为国家发展、民族振兴永不枯竭的重要源泉，中国创造了一个又一个伟大成就。今日之中国，无论是国力还是国民的精神，都有了巨大的飞跃。但需要时刻谨记，从积贫积弱到繁荣昌盛，我们是从当年的血雨腥风中突围出来的，是从一片废墟中站立起来的。

为有牺牲多壮志，敢教日月换新天。在中国共产党的领导下，曾经遭受"无谓屈辱和残暴的蹂躏"的历史一去不返。2015 年 9 月 3 日，天安门广场举行纪念抗战胜利 70 周年阅兵仪式，世界目睹了中国军人的风采，看到了武器的更新换代，从"万国牌"到清一色的国产装备，从缴获、外购、仿制发展到自主研制生产，中国用 70 年时间完成了其他国家上百年的发展历程。亿万中国人民迎难而上、砥砺奋进，今日之中国劈波斩浪，行稳致远。

历史是最好的教科书，也是最好的清醒剂。"中国人民对战争和动荡带来的苦难有着刻骨铭心的记忆，对和平有着孜孜不倦的追求。"牢记历史不是要延续仇恨，警钟长鸣不是要制造紧张，而是为了告诉国人，告诉世界，中国不会忘记！昔日屈辱，铸就今日力量，昔日悲伤，化为今日坚强。只有铭记历史，才能珍惜和平；只有以史为镜，才能展望未来；只有祖国强大，才有山河无恙。

建军节谈精神

公历八月一日

军中夜感

（明）张家玉

惨淡天昏与地荒，西风残月冷沙场。

裹尸马革英雄事，纵死终令汗竹香。

1933年7月11日，中华苏维埃共和国临时中央政府根据中央革命军事委员会6月30日的建议，决定8月1日为中国工农红军成立纪念日。1949年6月15日，中国人民革命军事委员会发布命令，以"八一"两字作为中国人民解放军军旗和军徽的主要标志。中华人民共和国成立后，将此纪念日改称为中国人民解放军建军节。

精神是支撑信念的能量及对一段时期先进群体意识的凝练，伟大建党精神、井冈山精神、苏区精神、长征精神、延安精神、西柏坡精神……这是马克思主义中国化的重要成果，是中国革命胜利的文化支撑和强大的精神动力，是中国特色社会主义文化建设的优质基因。雷锋精神、大庆精神、"两弹一星"精神，载人航天精神、奥运精神、抗震救灾精神，这些富有时代特征、民族特色的宝贵财富，不断实现着中华优秀传统文化的再生再造，饱含着改革开放的时代精神，孕育了很多催人奋进的精神动力。这些精神构成了中国共产党人特有的红色精神谱系，成为中国共产党、中华民族的宝贵财富和社会主义精神文明建设的重要支柱。

我几乎去过全国所有的革命战争纪念馆，抵御侵略的抗日战争、争取自由的解放战争，每一场战斗都告诉我们今天的和平来之不易。打赢一场战争的关键因素是什么，是武器装备还是战略战术，是地理条件还是后勤保障？这些尽管都重要，但我认为首要的应该是精神。如果没有无所畏惧、赴汤蹈火的精神，再好的战术和装备也是徒劳；如果没有不怕困难、坚持到底的精神，"星星之火，可以燎原"也是空谈；如果没有大义凛然、视死如归的精神，哪有"敌军围困万千重，我自岿然不动"的豪言壮语；如果没有勠力同心、众志成城的精神，又怎能有"用小米供养了革命，用小车把革命推过了长江"的沂蒙山人。

人民是创造历史的主体，和平正义的根基在人民、血脉在人民、力量在人民，中国的革命胜利是军民共同争取的，当军人义无反顾，当百姓无私支前，团结一心，同仇敌忾，还有什么困难不能战胜？除了大刀长矛、机枪手榴弹，还有织布的纺车、挑粮的扁担，这是另一种武器，除了给前线送去给养，更送去一种信念，不是一个人在战斗，而是有人民作为强大的后盾。"军民团结如一人，试看天下谁能敌"，有了坚定的理想信念，有了伟大的民族精神，才有了"小米加步枪"打败"武装到牙齿"的惊天之举。

金戈铁马，沙场点兵，军人的精神在哪里体现？在《亮剑》里，李云龙有一段话，"古代剑客们在与对手狭路相逢时，无论对手有多么的强大，就算对手是天下第一的剑客，明知不敌，也要亮出自己的宝剑。

即使是倒在对手的剑下，也虽败犹荣，这就是亮剑精神……我们国家进行了22年的武装斗争，从弱小逐渐走向强大，我们靠的是什么，我们靠的就是这种军魂，靠的就是我们的军队广大战地指导员的战斗意志。纵然是敌众我寡，纵然是身陷重围，但是我们敢于亮剑，我们敢于战斗到最后一人。一句话，狭路相逢勇者胜。亮剑精神，是我们国家军队的军魂。剑锋所指，所向披靡。"平型关大捷，孟良崮战役，黄洋界保卫战，邓小平曾说过，"抗日战争打了八年，抗美援朝打了三年，我们有以少胜多、以弱胜强的传统"。不畏强敌，敢为人先，这就是中国军人的精神。

和平与发展是时代的潮流，中国是爱好和平的国家，中华民族是爱好和平的民族。可总有个别势力逆流而上，无端挑起是非，阻碍中国和平发展。三军集结，蓄势待发，朱日和基地的呐喊声铿锵有力，领土问题没有讨价还价的余地。不惧挑衅，不畏强敌，这些自信不是空想，而是来自于划过蓝天的战机、遨游海洋的军舰，来自于祖国日益提升的实力。守土有责，寸土不让，这就是中国军人的精神。

进入新时代，中国军队正在大刀阔斧地改革，改革需要牺牲精神。军人以服从命令为天职，当部队转型需要做出调整时，无论舍不舍得这身戎装，无论有多少个不情愿，都要服从。新中国成立以来，部队在实践中探索，经过11次裁军，从550万人精简到今天一支现代化的精锐。网上流传的一组照片感动了国人，几名退伍战士拿着一张纸，上面写着"我是一个退伍老兵，如果祖国需要，我必拿命捍卫国家！"虽然他们离开军营，但军人意志尚在，更没有忘记军人的使命，作为中国人，为之动容，为之骄傲，这是时代需要的强音。祖国召唤，来之即战，这就是中国军人的精神。

和平时期，军人承担更多的是生产建设、抢险救灾的任务，我们看到了军人的另一面，黝黑的皮肤，沙哑的声音，坚定的眼神。沧海横流，方显英雄本色。紧急关头，扛起军人使命。2020年，新冠肺炎疫情突如其来，一场疫情防控的人民战争随之打响，人民解放军闻令而动，以忠诚担当、无私奉献接受党和人民的大考。除夕，陆海空医疗队火速驰援武汉，紧接着全军首批卫生物资运抵武汉，军队全面接管火神山等医院，驻鄂部队执行支援运输保障任务，4000余名军队医护人员奋战在一线。从抗洪抢险的血肉长城，到抗震救灾的生命接力；从抗击"非典"的生死驰援，到迎战雨雪冰冻灾害的艰苦鏖战……军队为人民群众带来信心和力量。铁肩担当，最美逆行，这就是中国军人的精神。

没有生动实践，就没有伟大精神。中国军人体现的精神是社会主义核心价值体系的精髓，是民族精神和时代精神的集中体现。坚定的理想信念不是与生俱来的，也不是一劳永逸的，需要在不断的思想政治教育中形成并加固。

我把对军人的崇拜带到大学校园里，我带了10年军训，写下10万字的军训日记，我选择在教书育人的阵地里传递着军人精神，在我的学生里，已经有50余名同学携笔从戎。从东北白山黑水到内蒙古辽阔草原，从中原大地到东南沿海；从边防战士到武警官兵，从文艺骨干到舰艇军官，他们告别校园用另一种方式诠释"奋斗的青春最美丽"，大学为军队源源不断地输送人才。脚踏实地，报效祖国，这是中国军人的精神，也是中国青年的精神。

《那年那兔那些事儿》是一部点击量超过3亿人次的动漫作品，作者用兔子比喻中国军民，表现了一个国家在复杂多变的国际形势里发展是多么不易，从无到有，从弱到强，无论面临何种困难，都有一帮兔子不抛弃、不放弃，每个兔子都拥有一个大国梦。军人精神是中国精神的重要组成部分，实现"中国梦"必须弘扬中国精神，就是以爱国主义为核心的民族精神，以改革创新为核心的时代精神。

　　"人无精神则不立，国无精神则不强。精神是一个民族赖以长久生存的灵魂，唯有精神上达到一定的高度，这个民族才能在历史的洪流中屹立不倒、奋勇向前。"无论是军人，还是大学生，要以建设祖国为己任。心中有阳光，脚下有力量，在建军节，用自己的真情实感写下这篇文章，祝人民军队节日快乐。

七律·到韶山

毛泽东

别梦依稀咒逝川，故园三十二年前。

红旗卷起农奴戟，黑手高悬霸主鞭。

为有牺牲多壮志，敢教日月换新天。

喜看稻菽千重浪，遍地英雄下夕烟。

　　1945年9月2日，日本向盟军投降仪式在东京湾密苏里号军舰上举行，在中国等九个受降国代表的注视下，日本在投降书上签字，这是中国近代以来反侵略战争的第一次全面胜利，为世界反法西斯战争的胜利作出了巨大贡献。"天地英雄气，千秋尚凛然。"一个有希望的民族不能没有英雄，一个有前途的国家不能没有先锋。9月3日是中国人民抗日战争胜利纪念日，谈谈我对英雄的认识。

　　英雄指那些无私忘我，不惧困难，英勇奋斗的人。我党的创始人之一董必武说过"血染沙场气化虹，捐躯为国是英雄"。在民族危难时刻，中华儿女挺身而出，牺牲自我，正因为他们大无畏的精神，才换来今天蒸蒸日上的中国。我们从影视剧里领略英雄的风采，在纪念馆瞻仰英雄的事迹，在烈士陵园缅怀先烈，表达对他们的敬意，对今天幸福生活的珍惜。

任何时代都需要英雄。战争时期，与敌人殊死搏斗的是英雄，他们把个人生命与国家命运紧紧相连，不只有董存瑞、黄继光、邱少云是英雄，也并不是冲锋陷阵，倒在战场上的人才是英雄，英雄不全是有名有姓被写进历史的人，还包括默默无闻，无名无姓的群体；英雄不全是高大上的形象，还有很多小角色；英雄不只是扛枪的战士，还有推着独轮车支前的百姓；英雄不只是在关键时刻才爆发能量，日常生活中也有动人的瞬间，毛主席在《中国人民大团结万岁》中写道："为人民解放战争和人民革命而牺牲的人民英雄们永垂不朽！"英雄是一个大的定义，凡是为了新中国的独立解放与发展建设付出宝贵生命的人，无论男女老少，贫富贵贱，都称得上是英雄。

"伟大出自平凡，平凡造就伟大。"评价一个人是不是英雄，不能只看他作出了多么轰轰烈烈的事情，在小事中的坚持，对正义的追求，对人民的奉献，对歪风邪气的斗争，都是英雄的行为。历史上，血战沙场、马革裹尸的是英雄。今天，逆行的消防战士，徒手接住坠楼孩子的快递小哥，他们也是英雄。英雄是一种精神，是一个符号，融合了我们中华儿女共同的信仰和价值观。

"天地英雄气，千秋尚凛然。"这种宝贵的精神财富在任何时代都弥足珍贵。"天下兴亡，匹夫有责"的自我觉悟，"苟利国家生死以，岂因祸福避趋之"的浩然正气，"青山处处埋忠骨，何须马革裹尸还"的壮志豪情，"在烈火与热血中得到永生"的伟大情怀，无不闪耀着中华民族的精神光辉。

对英雄的认知是时代的要求，中国五千年的历史英雄辈出，我们感到骄傲自豪，但一段时间以来，调侃、抹黑和诋毁英雄形象的言论似乎成为一种网络"时尚"并有蔓延的趋势。从某品牌饮料与某网络大V互动污蔑邱少云、董存瑞炸碉堡系虚构、雷锋存在严重作假到网络上流传各种调侃英雄人物的段子，荒诞离谱的言论不断炒作，混淆视听，哗众取宠，诋毁英雄实质为一种去价值观的表现，打击民族精神、摧毁民族信仰、扭曲历史的行为令人厌恶，精神贫瘠的人感受不到信仰的力量。

"灭人之国，必先去其史；隳人之枋，败人之纲纪，必先去其史；绝人之材，湮塞人之教，必先去其史；夷人之祖宗，必先去其史。"今天，一部分人用假设否定事实，用支流否定主流，用主观分析否定客观规律，用个别现象否定本质趋向，甚至编造历史、肢解历史，颠倒黑白，美化反面人物的言论层出不穷，从丑化先进人物到调侃老一辈革命家，从诋毁新中国建设取得的伟大成就，发展到否定中国革命的历史必然性，历史虚无主义思潮荼毒当代青年。一些所谓专家学者把精力放在为敌人"洗白"翻供上，把野史、调侃等不当言论带入课堂，影响大学生正确的价值观。"国内外敌对势力往往就是拿中国革命史、新中国历史来做文章，竭尽攻击、丑化、污蔑之能事，根本目的就是要搞乱人心，煽动推翻中国共产党的领导和我国社会主义制度。"习近平总书记的话就是提醒我们在意识形态领域，要有清醒的认识和强有力的对策。

在横店，每天都有三四十个剧组在"打鬼子"，横店影视城群众演员约30万，其中60%演过"鬼子"，全年48个剧组在"抗日"，一人一天最多死8次，一部30集电视剧拍4个月，这样算，横店每年"消灭鬼子"近10亿。影视作品泛娱乐化，战争游戏化，我军偶像化，友军懦夫化，日伪白痴化，无视烽火连天岁月，混淆大众视听，影响正确认识与判断，为博取眼球、提高收视率，个别编剧、导演以大量恶搞、夸张、臆想等拍摄抗战影视作品，使剧中出现奇葩性的虚假内容和雷人镜头。抗日战争逐渐简化为一种背景，内核被悄悄替换成爱情剧、武侠剧、偶像剧，即使主线是抗日，武打、枪战、爱情、时尚等元素不断充斥进来，这是对历史的不敬，更是对无数牺牲英雄的不敬。

"生当作人杰，死亦为鬼雄。"每个人都有英雄情结，战争年代的英雄战功显著、英勇正义、敢于牺牲、临危不惧，和平时代的英雄无私奉献，为祖国和人民的利益贡献力量。艾丹老师的一段话让我肃然起敬："在一个国家和民族的发展轨迹上，总有一些身影令人动容，他们推动历史的车轮滚滚向前，他们将民族解放、国家复兴的重任扛在肩上，他们胸怀家国，舍身取义，他们用青春、热血、牺牲、奉献，换来祖国的繁荣昌盛。也许，纪念碑上并没有留下他们的名字，但是，人民永远不会忘怀。"

不忘初心，方能笃定前行。党的十八大以来，习近平总书记曾在多个场合致敬英雄，讲述他们的事迹，推崇他们的精神。在颁发纪念抗战胜利70周年纪念章仪式上，总书记说："我们要铭记一切为中华民族和中国人民作出贡献的英雄们。崇尚英雄，捍卫英雄，学习英雄，关爱英雄，戮力同心为实现'两个一百年'奋斗目标、实现中华民族伟大复兴的中国梦而努力奋斗！"在井冈山看完革命烈士后代和先进人物代表时，总书记饱含深情地说："中华民族是崇尚英雄、成就英雄、英雄辈出的民族，和平年代同样需要英雄情怀。"

"武汉是英雄的城市，湖北人民、武汉人民是英雄的人民，历史上从来没有被艰难险阻压垮过，只要同志们同心协力、英勇奋斗、共克时艰，我们一定能取得疫情防控斗争的全面胜利。"习近平总书记的话铿锵有力、振奋人心。新冠肺炎疫情之下，全国人民更加明白新时代"英雄"的含义。"时穷节乃见，一一垂丹青。"无惧风险的白衣战士、奋不顾身的人民警察、日夜守望的社区干部，还有太多奋战在疫情前线，任劳任怨、默默奉献的普通人，虽然不知道你们是谁，但我们知道，你们是为了谁。英雄是一封封请战书，是"我不上谁上"的气魄，是万千名奋战在抗疫一线的人民。

"江山如此多娇，引无数英雄竞折腰。惜秦皇汉武，略输文采；唐宗宋祖，稍逊风骚。一代天骄，成吉思汗，只识弯弓射大雕。俱往矣，数风流人物，还看今朝。"英雄离我们并不远，他就在人民需要帮助的地方。

九歌·国殇（节选）

（战国）屈原

诚既勇兮又以武，终刚强兮不可凌。

身既死兮神以灵，魂魄毅兮为鬼雄。

2014年8月31日，第十二届全国人民代表大会常务委员会第十次会议通过《全国人民代表大会常务委员会关于设立烈士纪念日的决定》，决定每年9月30日为烈士纪念日。这个特殊的纪念日以法定形式走入人们视线才短短几年时间，但所寄托的情感、承载的意义非常重要。

许多国家都设立了烈士纪念日。美国的"公祭日"是联邦法定假日，在5月最后一个星期一，纪念二战中牺牲的烈士。每年11月11日，英国会纪念在第一次和第二次世界大战中牺牲的无名烈士，在那天民众会戴上虞美人，小红花代表的哀伤，是英国悼念英雄的象征。俄罗斯烈士纪念日和卫国战争胜利纪念日都选在5月9日，纪念为抗击德国法西斯而牺牲的苏联红军将士及遇害的无辜平民。缅怀是为了激发斗志，纪念是为了创造未来。

"由此上溯到一千八百四十年，从那时起，为了反对内外敌人，争取民族独立和人民自由幸福，在历次斗争中牺牲的人民英雄们永垂不朽！"——人民英雄纪念碑上的祭文是国家对烈士的最高评价，是人民对英雄的怀念，他们为国为民的赤诚，坚定不移的信仰告诉世人，"革命理想高于天。理想信念之火一经点燃，就永远不会熄灭"。

"让信仰点亮人生"，这是井冈山青少年培训基地门口石碑上镌刻的字。在英勇悲壮的中国近现代革命史上，井冈山革命斗争和五四运动一样留下了光辉灿烂的篇章。我曾五次上井冈山学习，每次都有新的感悟与体会，黄洋界、小井红军医院、八角楼等，这里的每一处遗迹，都承载着厚重的信仰。电视剧《井冈山》里有这样一段剧情，兵败后，师长因个别逃兵要枪毙班长，毛委员上前询问，问这个班长怎么不逃，班长回答："因为是共产党员。"在白色政权的"围剿"下，红军生活条件异常艰苦，战斗如此频繁，仍能维持不散，靠的是什么？这支刚刚从农民和旧军队改编过来的武装，在缺衣少粮、少人少枪的情况下坚持革命，靠的又是什么？

没有信仰的军队，即便人数再多也是一盘散沙，装备再好也无处可用，不知为何打仗，即便战术再精也会随时倒戈，改旗易帜。而红军不是单纯的打仗，而是要密切联系群众建设革命政权，为了信仰而战体现了革命者的人生价值。在新中国成立后授勋的将帅中，经历过井冈山时期的达56人，如果这期间没有更多的牺牲，或许还要多。历史选择了毛泽东，毛泽东选择了井冈山，是信仰让井冈山革命根据地的军民同仇敌忾，是信仰让这座从前并不知名的山和中国命运紧密地联系在一起。习近平总书记多次上井冈山考察，从叮嘱井冈山革命理想教育要坚持下去，到寄语广大党员多接受红色基因教育，都在强调共产党人要不忘初心。今天，各行各业一批又一批共产党员到井冈山学习，就是为了学习共产党人坚定的理想信念、革命的乐观主义精神和密切联系群众的初心。

信仰是人类行动的总开关，成就了人生的新思考，成为人生的新方向。"你要想活得轻松，不要有信仰，因为有了信仰，就有约束；但你要活得有意义，必须要有信仰，因为人活着本身没有意义，是信仰规定、注入了意义。""敌人只能砍下我们的头颅，决不能动摇我们的信仰！因为我们信仰的主义，乃是宇宙的真理！为着共产主义牺牲，为着苏维埃流血，那是我们十分情愿的啊！"方志敏烈士在他的遗著《可爱的中国》中深情而坚定的呐喊，让今天的我们依然心潮澎湃。习近平总书记曾说："我多次读方志敏烈士在狱中写下的《清贫》。那里面表达了老一辈共产党人的爱和憎，回答了什么是真正的穷和富，什么是人生最大的快乐，什么是革命者的伟大信仰，人到底怎么活着才有价值，每次读都受到启示、受到教育、受到鼓舞。"

《潜伏》这部谍战剧风靡一时，再现了敌我斗争的残酷，交通站邱掌柜被俘后，面对敌特的金钱诱惑与严刑拷打，轻蔑地说了一句"别废功夫了，什么都战胜不了我的信仰"后为保护同志咬舌自尽。艺术源于生活，立足于真实历史，28岁的夏明翰在狱中写下荡气回肠的"砍头不要紧，只要主义真。杀了夏明翰，还有后来人"。对每一位流血流汗的革命烈士而言，信仰支撑着他们克服了重重艰难坎坷，甚至在死亡面前都无所畏惧，这是对信仰最深刻的诠释。他们用生命写下可歌可泣的壮丽诗篇，留下弥足珍贵的精神遗产。

新中国成立初期，国家力量薄弱，百废待兴，钱学森、邓稼先、梁思礼、华罗庚等一大批留美科学家冲破重重阻挠，义无反顾地回到祖国加入到建设大军中，海外高科技人才的回归加快了中国发展的进程，他们为了信仰放弃国外优越生活，回到祖国。雷锋、焦裕禄、王进喜、孔繁森、杨善洲、沈浩等，他们之所以能成为家喻户晓的楷模，是因为全心全意为人民服务的精神和忘我的工作，而指引方向的则是已完全融入到个人生命里的信仰。

我国自古以来就是一个英雄辈出的国家，西汉名将霍去病，17 岁两出定襄、19 岁三征河西、21 岁纵横漠北，杀到匈奴胆寒，甚至影响西亚历史进程。近代，面对列强侵略，一大批有坚定信仰的青年才俊在混沌中探索中国的前途。27 岁的毛泽东在湖南创建共产主义组织，"为中华之崛起而读书"是周恩来在少年时代立下的宏伟志向。1921 年召开的中共一大，13 名代表平均年龄 28 岁，他们的信仰表现在为国家和民族奋斗终生的责任感和使命感上。

多元的文化让信仰具有了比过去任何一个时代都大的选择空间与实践的可能，这是一种进步。在社会变迁的催化之下，中国年轻一代的信仰观念与信仰模式发生了变化，信仰关系的分化与重新组合使这个时代的人更加自信地学习与生活，这种自信不仅是来自于政治信仰，还包括对未来的向往，对自身的肯定，"80 后""90 后""00 后"有自己的生活目标，自己的爱国方式，自己的人生信仰。越来越多的青年人成为祖国建设的中流砥柱，无论是科学家、工程师，还是快递小哥、车间工人，千千万万的劳动者，他们都在不同岗位上奋斗着，以实际行动践行着习近平总书记"有信念、有梦想、有奋斗、有奉献的人生，才是有意义的人生"的殷切嘱托。

今天，有人听到信仰觉得虚，信仰为何被标签化？一项就"当前社会病态"的专项调查显示，部分受调查者认同"信仰缺失、道德滑坡"是一种普遍的社会病。白岩松认为，今天社会道德风气的退步，根源在于，第一我们没有信仰，第二却具备强大的欲望。没有信仰就没有底线，底线之所以能够被不断地突破，就是因为人无所畏惧。近年来，网络上爆出的一些名人明星收获无数鲜花掌声，但在拜金主义、享乐主义的作祟下，精神世界空虚乏味、涉黄染毒，荒废大好年华；个别"官二代""富二代""星二代"违法违纪等现象说明了因信仰缺失导致行为出轨的问题。

在历史虚无主义思潮影响主流意识形态时，信仰问题格外重要。污蔑革命烈士，实为解构主流价值，磨灭民族精神；诋毁党的领袖，实为否定党的政治品格；抹杀、贬损革命，实为否定中国革命的进步；为历史罪人翻案，实为否定革命的正确性和建立新中国的合理性；篡改历史、美化侵略，实为渲染民族失败主义情绪；用假设掩盖事实，实为混淆视听；曲解真相，实为引起公众对历史的质疑进而否定中国道路；攻击马列主义，实为否定共产党的建立与选择；片面夸大国民政府在抗日战争中的作用，实为弱化我党的领导；无视新中国取得的历史成就，实为否定社会主义制度的优越性。如果不把这些清楚明白地告诉正在成长的接班人，他们又怎能牢固自己的信仰？

毛泽东说过："主义譬如一面旗子。"只要旗帜飘扬，就会应者云集，知道出发的方向。邓小平指出："对马克思主义的信仰，是中国革命胜利的一种精神动力。"中国共产党之所以叫共产党，就是因为从成立之日起就把共产主义确立为远大理想。坚定理想信念，坚守共产党人的精神追求，始终是兴党兴国之基础，是共产党人安身立命之根本。习近平总书记指出："无论过去、现在还是将来，对马克思主义的信仰，对中国特色社会主义的信念，对实现中华民族伟大复兴中国梦的信心，都是指引和支撑中国人民站起来、富起来、强起来的强大精神力量。"

"为什么我们总是热泪盈眶，因为我们的血为祖国流淌。"小说《红岩》里的这句话引人深思，是什么力量让他们赴汤蹈火、在所不惜，就是信仰的力量。前事不忘，后事之师，英雄不朽，信仰不灭。

赴戍登程口占示家人二首

（清）林则徐

力微任重久神疲，再竭衰庸定不支。

苟利国家生死以，岂因祸福避趋之！

谪居正是君恩厚，养拙刚于戍卒宜。

戏与山妻谈故事，试吟断送老头皮。

1949 年 12 月 2 日，中央人民政府委员会第四次会议接受全国政协的建议，通过了《关于中华人民共和国国庆日的决议》，决定每年 10 月 1 日为中华人民共和国国庆日。国庆节是近代民族国家的一种特征，是一个拥有主权国家的标志。

没有爱国精神就不会有抛头颅、洒热血的勇气，没有无数仁人志士的牺牲，就不会有新中国的成立。爱国指引着奋斗方向，在国民党反动派的牢狱里，受尽酷刑的方志敏满怀爱国主义激情写下《可爱的中国》，把祖国比喻为"生育我们的母亲"，坚信中华民族必能从战斗中获救，描绘出革命后祖国美好幸福的景象，字里行间充满了对未来的希冀。1949年10月1日，中华人民共和国诞生，为了这一天，多少人穷其一生追求，爱国是任何时代都应该唱响的主旋律。

"爱国主义始终是把中华民族坚强团结在一起的精神力量。"老一辈革命家徐特立先生曾说过，"人民不仅有权爱国，而且爱国是个义务，是一种光荣"。在我国五千年的历史长河中，爱国始终是中华民族优良传统，早在春秋战国时代的《战国策》中就出现了爱国一词，东汉荀悦的《汉纪》中就有爱国如家的说法。儒家提倡"仁爱天下"，道家提倡"道法自然"，佛曰"慈悲为怀"，受传统儒释道思想影响，中国人包容、含蓄，但这种包容不代表胆怯。自古以来，中国人将国家主权、民族尊严摆在至高无上的地位，为了国家可以舍生取义、杀身成仁，苏武被扣异邦19年，持节牧羊，至死不降，京剧大师梅兰芳蓄须明志，不为日本人演出，朱自清病魔缠身，不领取外国人一粒救济粮。

习近平总书记说："爱国主义自古以来就流淌在中华民族血脉之中，去不掉，打不破，灭不了，是中国人民和中华民族维护民族独立和民族尊严的强大精神动力。"爱国是不畏牺牲的精神。据不完全统计，约有2000万名烈士为民族独立、人民解放和国家富强英勇牺牲，由此可见中华民族的历史就是一部爱国主义的历史、一部民族自强不息的历史。大国崛起于文明，奠基于精神，没有深厚的文明作底蕴，便无法以正确的眼光审视自己，没有强大的精神作支撑，便无法承担起更大的国际责任，对于新时代的青年来讲，要从革命先烈的事迹中寻找精神元素，而爱国则是其中的灵魂。

爱国是根植于内心的信念，这种信念蕴含在中华民族不屈不挠、自强不息的精神里。我国知识分子历来有浓厚的家国情怀，有强烈的社会责任感。新中国成立初期，百废待兴，梁思礼、邓稼先、钱学森等一大批留美科学家冲破重重阻挠，义无反顾地回到祖国，海外高科技人才的回归加快了中国发展的进程，他们鞠躬尽瘁，把知识与毕生的精力献给新中国。雷锋、王进喜、焦裕禄、孔繁森，他们把个人命运与祖国前途紧密相连；任长霞、李林森、罗阳，他们殚精竭虑，用生命谱写壮丽之歌；郭明义、李万君、徐本禹、卓嘎、央宗姐妹，扎根人民，无私奉献，他们之所以能成为家喻户晓的模范，是因为全心全意为人民服务的精神，而指引方向的则是已完全融入到个人生命里的家国情怀。"祖国的父老们对我们寄存了无限的希望，我们还有什么犹豫的呢？"这是朱光亚对爱国之问的回答。"我要尽最大力量来建设自己的国家，让中国人民过上幸福、有尊严的生活。"这是钱学森对爱国之问的回答。"振兴中华，乃我辈之责。"这是黄大年对爱国之问的回答。

近代以后，由于西方列强的入侵，由于封建统治的腐败，中国逐渐沦为半殖民地半封建社会，山河破碎，生灵涂炭，中华民族遭受了前所未有的苦难。面对苦难，中国人民没有屈服，而是挺起脊梁、奋起抗争，以百折不挠的精神，进行了一场场气壮山河的斗争，谱写了一曲曲可歌可泣的史诗。中国共产党成立后，团结带领中国人民进行28年浴血奋战，打败日本帝国主义，推翻国民党反动统治，完成新民主主义革命，建立了中华人民共和国。新中国成立后，我们党团结带领中国人民在一穷二白的白纸上画出最新最美的图画，社会主义革命和建设取得伟大成就。党的十一届三中全会后，我们党团结带领中国人民进行改革开放新的伟大革命，人民生活显著改善，综合国力显著增强，国际地位显著提高。党的十八大以来，我们党团结带领中国人民，推动党和国家事业发生历史性变革、取得历史性成就，中国特色社会主义进入了新时代。2021年是中国共产党建党100周年，一代又一代共产党人将小我融入民族复兴的大我中，以身许党许国，推动历史前行。

真正的爱国是不会损害国家、人民利益的。回顾 2012 年，当打着"爱国"旗号的游行走上街头，冒烟的街区，推翻的汽车，扭曲的面孔，这不是文明社会应有的景象，当情绪失控，"爱国"便成了泄私愤的恐怖行为，火光与喧嚣声中，原本高尚、正义的"爱国主义"行为彻底暴徒化。这其中夹杂着以爱国为名的无端戾气，包裹着纷繁社会矛盾的扭曲表达，掩饰着意图改变现状的民粹情绪，在暴戾情绪的支配下，文明被驱逐，法治被践踏。我们尊重爱国情感，保护爱国热情，但绝不容忍不法行为，拒绝让爱国成为流氓的庇护所，不让爱国变成暴行的遮羞布和赦免牌。

爱国除了情感的付出更要辨别真伪、明辨是非。在网络飞速发展的今天，一小撮人编造谣言、挑起事端，虚假新闻、过激言论、谩骂嘲讽、诋毁充斥荧屏，他们散播"有毒"信息，激化矛盾。当看到类似信息勇敢地站出来批判，自觉抵制流言蜚语，普及一些常识，给社会带来一些温度，用人类的理性和文明战胜愚昧与野蛮，这才是正确的爱国方式。当今的爱国不一定是投笔从戎、血洒疆场，而是筑牢网络阵地，与国家、与人民站在一起。

什么才是真正的爱国？什么才是大国的心态？今天的中国，爱国主义的本质就是坚持爱国爱党爱社会主义高度统一。"把弘扬爱国主义精神与扩大对外开放结合进来……善于从不同文明中寻求智慧、汲取营养"，"世界前途命运应该由各国共同掌握。……世界要公道，不要霸道。大国要有大国的样子，要展现更多责任担当。"习近平总书记一系列讲话告诉我们，大国心态既是捍卫尊严的坚定和果敢，也是拥抱世界的自信和从容；既是弘扬民族文化和价值观的矢志不渝，也是兼收并蓄人类优秀文明成果的海纳百川，更是共同构建人类命运共同体的胸怀。

"为什么我的眼里常含泪水？因为我对这土地爱得深沉。"爱国主义是中华民族精神的核心，对新时代中国青年来说，热爱祖国是立身之本、成才之基，要把个人的理想同祖国的前途、把个人的人生同民族的命运紧密联系在一起，在激情奋斗中绽放青春光彩。

CHAPTER 3
第三章

特定人群节日

有节有理——与大学生谈节日

织锦妇

（唐）秦韬玉

桃花日日觅新奇，有镜何曾及画眉。

只恐轻梭难作匹，岂辞纤手遍生胝。

合蝉巧间双盘带，联雁斜衔小折枝。

豪贵大堆酬曲彻，可怜辛苦一丝丝。

牛群和冯巩有一段经典的相声《两个人的世界》，用风趣幽默的语言分别从男性与女性的角度阐述了社会关系，牛群无不羡慕地说道，"三八妇女节，女的还多放一天假呢。"没错，更多人对妇女节的了解只限于放假，于是就有男性说，怎么没有"男人节"呢？

追根溯源，看看妇女节的来历。1857 年 3 月 8 日，美国纽约的服装和纺织女工举行了一次抗议，反对恶劣的工作环境、12 小时工作制和低薪酬，但最终被警察驱散。1908 年 3 月 8 日，15000 名妇女在纽约游行，要求缩短工作时间，提高劳动报酬，享有选举权，禁止使用童工。1909年3月8日，芝加哥女工为追求男女平等权利而举行示威，次年8月，在丹麦哥本哈根召开的国际第二次社会主义者妇女大会决定以每年3月8日为妇女节。三八国际劳动妇女节的全称是"联合国妇女权益和国际和平日"，是各国妇女争取和平、平等、发展的节日，这个作为女性为争取权利而斗争的纪念日已走过百余年历程。

从起源不难发现，最早全球范围内的女性社会地位都很低，工作强度高、报酬所得少，因为特定的社会环境与历史沿革，男尊女卑的落后思想一直在作祟。两性平权是各国女权主义者追求的目标，回看历史，女权运动源起于受启蒙思想影响的法国，随后在英国引起反响，继而在美国得到迅猛发展，不久遍及西方社会。

法国女性主义是在法国大革命中发展起来的。1791年9月，奥兰普·德古热发表了《女权与女公民权宣言》，这是法国历史也是世界上第一份要求妇女权利的宣言，表现出完整的女权思想。1792年英国的玛丽·沃斯通克拉夫特发表了《女权拥护论》，她致力于为女性谋求教育平等和社会平等权利的运动。一个世纪以来，女性通过不断的努力追求在政治、经济、文化、社会及家庭各个方面的平等。

男女不平等的现象在全世界范围内还普遍存在，比如在某些国家和地区，女性仍被视为私有"财物"，只能在家中相夫教子，不得独自外出，女性受教育程度低，职场也很难见到女性员工。因为不平等，所以产生了女权主义，就是消除性别歧视，促进平等的社会理论与政治运动，女权主义在西方发展大致经过三个阶段，从而形成不同流派。不同的流派盘根错节，有合作也有矛盾，在互相借鉴、批判中，形成了复杂而充满活力的关系。从关注层面上看，不仅涉及女性生理、心理，还包括女性在政治经济和文化教育等方面的作用发挥；从风格上看，有的激烈交锋，殊死一搏，有的气定神闲、心如止水，有的要对抗进取，也有的妥协退让。在全人类实现男女平等的道路上，女权主义扮演重要的角色。

来看看中国在对待女性问题上的变化。封建社会充满了性别歧视和礼教束缚，比如"女子无才便是德"，这在我国古代还是相当有影响力的，"男大女小"的婚配模式、"男主外女主内"的分工模式反映了婚姻家庭关系，再比如婚姻制度上的"纳妾"，妾实为奴婢，没有人身自由，没有平等地位和财产，可以被买卖与赠送。妾地位很低，无法与妻相比，待遇好坏全看主人态度，相反男性将纳妾视为荣耀，所谓"大丈夫三妻四妾"就是一种畸形的婚恋观。在对待婚姻忠贞态度上也有很大区别，风月场所临街而建，寻欢作乐者上至达官贵人，下到寻常百姓，无人约束谴责，相反如果女性出轨，则受人鄙视及惩罚，甚至丢掉性命。

古有"女子不得参政"之说，证明当时的女子在政治上毫无立足之地，更无立场可言，封建礼教在女性中设置阶层，通过等级观念达到女性互相制约的局面。在清朝，皇宫女性分为十一级，地位、支出等有严格的区分，通过影视作品看到后宫斗争激烈，莫说地位，能保全性命就不错了，面对这种残酷的生活，仍有很多官员为了政治联姻，绞尽脑汁把女儿送进皇宫。进宫选妃不仅有一系列苛刻条件，还要给画像者行贿，如果不给钱，会人为制造困难。根据民间传说和记载，王昭君入宫以后，由于不肯贿赂宫廷画师毛延寿，毛延寿将王昭君画得不美丽，因此没有被选入汉元帝的后宫之中。

还有一种现象就是"缠足"，这个今天看来近乎摧残的方式在北宋以来的封建社会倍受追捧。女性一般从四五岁起开始缠足，直到成年骨骼定型后方将布带解开，终身痛苦。缠足起因众说纷纭，其中有三点完全体现了男女的不平等，第一，是利于把妇女禁锢在闺阁之中，限制其活动范围，以符合"三从四德"的礼教，男子从而达到占为己有的目的；

第二，由此引起女性本身体态和生理的变化，从而更好地承担延嗣后代的生育任务；第三，封建社会扭曲的畸形审美观所致，许多男性视女人如玩物，病态审美，以"三寸金莲"一词赞美女性。而一个女人，是否缠足、缠得如何，也将会直接影响到个人终身大事。李汝珍在《镜花缘》一书中写道，"女子本是好好的，而男子却偏偏使之矫揉造作，缠小脚使她们成了异样"，从这句话能看出男女之间地位差别。

封建王朝终消逝在历史长河中，一些束缚个性、毫无人道的礼教逐渐在有识之士的推动下走向解体，当然也包括男尊女卑的性别歧视制度。民国时期曾一度兴起女权运动，到五四运动前夕，在校接受教育的女生达八十万之多，大批女性有了自己的工作，但在大部分农村地区，女权运动不被人接受，尽管女性一直在争取参政的权利，但真正能在政坛出类拔萃的却极少，更别说普遍获得更高的社会地位了。

新中国成立后，女性得到了空前的解放，毛泽东提出"男女都一样""妇女能顶半边天"的口号，从而彻底改变了女性的社会地位，1949年12月，中央人民政府规定每年的3月8日为妇女节，中国的女性为国家独立解放、经济建设、社会稳定作出了巨大贡献，今天，我国的妇女节少了政治味道，更多的是男性表达对女性关爱的节日。

如今，我国在男女平等问题上取得了很大的进步，但仍有个别性别歧视的现象，最突出的就是反映在就业不平等上，中国人民大学国家发展与战略研究院的研究报告里显示了两个特点：第一，在使用同样简历的情况下，男性大学生接到面试通知的次数比女性高42%；第二，学习成绩和学历对降低歧视没有帮助，实际上，学习成绩越好、学历水平越高的女性大学生在求职过程中遭受更严重的性别歧视。针对就业不平等现象，我国现行的《劳动法》《妇女权益保障法》《劳动合同法》《就业促进法》等都规定了男女平等的就业权，在实施过程中仍需各界的监督与执行。2019 年 2 月，人社部、教育部等 9 部门联合印发《关于进一步规范招聘行为促进妇女就业的通知》，对招聘环节中就业性别歧视的具体表现进一步作了细化规定，明确招聘时不得询问妇女婚育情况等。

"重男轻女"引发的社会问题还体现在天价彩礼上。一方面，畸高彩礼、天价嫁娶的背后是一个非常棘手的现实问题，严重的性别比例失衡，适婚男性人口比女性多出数千万，原本相对平衡的婚姻市场因此变得失衡，很多男性被迫成为光棍。另一方面，婚配失当，比例失调引发了拐卖人口、买卖婚姻等社会问题，严重影响社会的稳定。

党的十八大首次将男女平等作为基本国策写入报告，党的十九大报告中，习近平总书记说："坚持男女平等基本国策，保障妇女儿童合法权益。"由此可以看出以习近平同志为核心的党中央高度重视妇女事业，总书记在不同场合多次强调发展妇女事业的重要意义，为妇女工作的开展指明了方向。

2015 年 9 月 27 日，全球妇女峰会在纽约联合国总部召开，习近平主席发表题为《促进妇女全面发展 共建共享美好世界》的重要讲话，"在中国人民追求美好生活的过程中，每一位妇女都有人生出彩和梦想成真的机会。中国将更加积极贯彻男女平等基本国策，发挥妇女'半边天'作用，支持妇女建功立业、实现人生理想和梦想。中国妇女也将通过自身发展不断促进世界妇女运动发展，为全球男女平等事业作出更大贡献。"这充分体现了中国政府对妇女事业的高度重视，彰显了中国对促进妇女全面发展、共建共享美好世界的担当。

中小学生安全教育日谈安全

村 居

（清）高鼎

草长莺飞二月天，拂堤杨柳醉春烟。

儿童散学归来早，忙趁东风放纸鸢。

童年是无忧无虑的，就像诗中所写的那样活泼可爱、开心玩耍，但孩子也是弱势群体，需要安全的成长环境。近年来，校园安全事故越来越多曝光在大众视野中，踩踏、欺凌、性侵、报复社会……一张张图片触目惊心，一串串伤亡数字令人扼腕，因缺乏安全保护意识所引发的伤害让人痛心疾首。自 1996 年起，我国确定每年 3 月最后一周的星期一为"全国中小学生安全教育彐"，就是为深入推动中小学生安全教育工作，唤起防范的意识，降低各类伤亡事故的发生率，为孩子茁壮成长保驾护航。

每年的安全教育日都有一个主题，从内容看涉及方方面面，如2002年关注学生饮食卫生，保障青少年健康；2005年增加交通安全知识，提高自我保护能力；2019年加强防灾减灾创建和谐校园。从出发点看包括教育防范、增强意识、提高避险能力等，如1998年注重防范，自救互救，确保平安；2011年强化安全意识，提高避险能力；2012年普及安全知识，提高避险能力。从层面看有家庭、学校、社会，如1996年全社会动员起来，人人关心中小学校安全工作；2004年预防校园侵害，提高青少年儿童自我保护能力。

校园作为学生的主要活动场所，各方面安全是最基本的保障，校园安全是社会安全工作的重要组成部分，直接关系到青少年学生安全学习和健康成长，关系到无数个家庭的幸福安宁和社会稳定。保护好每一个孩子，使发生在他们身上的安全事故减少到最低限度，已成为学校教育和管理的重要内容，校园安全是全社会关注的焦点。

校园是承载社会文明、充满书香的殿堂，保障学生的健康和快乐，播种孩子们的美好希望，是人们心里的一片净土，可是近年来发生的校园安全事件，引起家长的担忧，我们的校园怎么了？数起伤害未成年儿童的恶性案件令人震惊。把对生活的不满发泄在手无寸铁的孩子身上，校园周边的治安引起重视。为节省成本，一些教育机构买来存在安全隐患的二手车改装成校车，并严重超员，引发重大交通事故，折射出当事人交通安全意识的薄弱。食品卫生关系学生健康，因食物中毒导致群体出现身体不适，引发公众对学校食堂卫生的质疑。塑胶跑道及新建操场是否达到环保要求成为社会关注焦点，招投标采购又是否严格符合程序。个别校园设施老旧，楼道狭窄引发的踩踏等意外伤害，是天灾还是人祸。校园霸凌事件层出不穷，施暴者上传视频，不以为耻反以为荣。在管理相对薄弱的乡村学校，学生受侵害的个案严重抹黑教师的群体形象。还有溺水、交通意外等，缺乏安全保护意识所引发的伤害呈上升趋势，孩子的伤亡给家庭带来终生痛苦和不幸，给社会及学校造成巨大损失。

解决校园安全问题迫在眉睫。据调查，涉及学校青少年生活和学习方面的安全隐患达 20 多种，包括食品卫生、体育运动损伤、网络交友、交通事故等，安全事故成为 14 岁以下少年儿童的第一死因。除去客观因素，导致悲剧发生的另一个重要原因，就是中小学生欠缺安全防卫知识，自我保护能力差。有专家指出，通过安全教育提高学生的自我保护能力，80% 的意外伤害事故是可以避免的，所以说校园安全要常抓不懈，把安全教育真正纳入教育教学内容，贯穿始终，教会学生面对突如其来的自然灾难与安全事件时，如何应急避险，如何自救与助人。校园安全由硬件和软件组成，硬件条件可以通过投入不断完善，软件就是增强防范意识，结合学生的认知特点开展安全教育课程与活动是有效的途径。

提高安全意识不分年龄，比起中小学校园，大学校园更开放，相对中小学生的安全教育，大学生的安全教育更难做。不是大学生不懂事，而是他们面临的环境更复杂，他们掌握知识但缺少经验，他们的侥幸心更强，大学生因为法治观念淡薄，保护意识、社会经验不足受到伤害的事件层出不穷。我曾写过一系列网文，从防盗、防骗、防火、防病、防传销、防骚扰等具体知识到意识形态等诸多问题，希望能给同学以警示，但效果却不尽如人意，遭电信诈骗的、校园贷的依然存在，财物被盗屡屡出现，因粗心引发的火情时有发生，归根结底都是思想麻痹，把安全教育当成耳旁风。纵观几年来发生的案例，校园内外发生的多起涉及学生意外伤害事故，原因虽各不相同，但有一个共同点，就是当事人对事故的发生没有任何心理准备和自我保护意识，面对伤害不知所措。

和谐稳定的校园环境是教育事业发展的必要条件，是确保师生安全和良好教学秩序的重要保证。打造平安校园，公安、教育部门义不容辞，但平安绝非是围墙内的事，学生不可能不出校门，校园周边综合治理仅靠学校力量是远远不够的，营造良好的社会大环境是每个人的责任。孩子正确的价值观未完全形成，外部环境对其的影响力不可小觑。如一些网吧、酒吧、游戏厅等不宜未成年人进入的娱乐场所开在学校附近，无视"不得向未成年人开放"的规定。再如一些社会歪风邪气渗透进校园，引发校园霸凌事件，受欺负的孩子敢怒不敢言，默默忍受，这必然干扰正常生活和心理。家长到学校反映情况，个别老师不以为然，直到出了更大问题后，媒体曝光才进行干预，面对社会的质疑强词夺理，企图息事宁人，说明个别教育工作者本身就缺乏安全意识。一些媒体热衷对校园事件炒作，夸大事实，诱导舆论，传播带来二次伤害。保护学生安全是学校、家庭和社会的共同责任。

安全是人类的本能欲望，中国人一向以安心、安身为价值追求，因而将安全教育作为成长的一个重要环节。2008 年 9 月 1 日晚 18 时，按照教育部的要求，全国中小学生集体收看了介绍避灾自救常识的开学第一课，用知识守护生命，人数规模史无前例，如此兴师动众就是为了强调安全。四十集科普短剧《中小学生安全教育》是中国第一部以影视剧形式来表现的教育音像制品，并且是第一部知识全面、分类系统的安全教育教材。40 套场景、40 批演员、200 多名普通学生和家长用最朴素的表演讲述了 10 大类 40 个与中小学生息息相关的安全主题，如此用心也是为了强调安全。《中小学生安全防范知识读本》从校园暴力、生活安全、防盗防骗防抢、交通安全、网络安全、防性侵害、防溺水等方面，通过列举实际发生的典型案例，加以剖析的方式全面地阐述了中小学生理应掌握的相关知识和防范措施，如此翔实还是为了强调安全，全社会的资源都在努力为中小学生创建一个平安、健康、文明、和谐的成长环境。

百年大计，教育为本。教育大计，安全为先。杜绝伤害，远离危险，在和谐的环境里生活、学习，是我们为下一代做的努力。中小学生安全教育日只是一天，但安全教育要天天进行。尽职尽责，守护希望，是为了祖国的明天。

乡村四月

（宋）翁卷

绿遍山原白满川，子规声里雨如烟。

乡村四月闲人少，才了蚕桑又插田。

五一国际劳动节是全世界劳动人民共同的节日，目前已是80多个国家的全国性节日。劳动改变世界，在举国欢庆的时刻，谈谈劳动，谈谈敬业。

小时候写作文，老师布置的题目是《今天我劳动》，一回家我就开始找活干，动手洗衣服，扫地擦桌子，尽管妈妈还要返工，但我依然能从她欣慰的眼光中找到成就感。把简单的家务劳动写出200字并非易事，我列流水账一样把劳动成果一条条记录下来。今天看来，老师让写作文的目的除了提高写作水平，更重要的是培养动手能力。苏联教育家苏霍姆林斯基认为，体力劳动对于小孩子来说，不仅能获得一定的技能，也不仅是进行道德教育，而且还提供了一个广阔无垠惊人丰富的思想世界。

恩格斯在《劳动在从猿到人的转变中的作用》中曾写道，"人类社会区别于猿群的特征在我们看来又是什么呢？是劳动"。这里的劳动是指从制造工具开始的劳动。劳动是创造价值的唯一途径。恩格斯指出，"劳动是整个人类生活的第一个基本条件，而且达到这样的程度，以致我们在某种意义上不得不说：劳动创造了人本身"。"民生在勤，勤则不匮"，言简意赅地指出劳动的珍贵价值。自古至今，人类都是通过劳动维持自我生存和自我发展，从原始社会狩猎果腹、刀耕火种，农耕社会时的日出而作、日落而息，到现代社会的科技与文明，都是劳动的写照与智慧的结晶。人们从劳动中总结经验，开拓创新，享受劳动带来的丰厚回报，劳动创造了人，人丰富了劳动的内涵与外延。

今天我们提倡劳动无上光荣，国家在劳动者权益保护方面也做出了很多努力，各项保障体系不断完善，法律法规逐步出台或修订，为劳动者保驾护航，但早期在资本主义压榨下，劳动者的命运却很悲惨。1886年5月1日，为了争取实行八小时工作制，改善劳动条件，以芝加哥为中心，约35万人举行了大规模的罢工和示威游行，政府出动警察进行镇压，最后出现死伤事件，这也就是为什么劳动节又称为"国际示威游行日"的缘故。正是有了不屈的抗争，才有了从暴力镇压转变成沟通谈判的局面。靠自己双手吃饭，吃得踏实，吃得安心，电视剧《人民的名义》里，省委书记沙瑞金在大风厂前说了一段话："在社会主义中国，劳动者是有尊严的，必须保证劳动者的合法劳动权利。"当面对不公正的待遇时，劳动者可以拿起法律的武器捍卫自己的权益。

敬业，古语解释为"谓艺业长者而敬之"，又曰"敬业者，专心致志以事其业"。孔子曰："居处恭，执事敬，与人忠"，讲的就是人们对所从事工作的态度，要用一种恭敬严肃的态度来对待自己的职业。中华民族历来有敬业乐群、忠于职守的优良传统，"鞠躬尽瘁，死而后已"是中华民族描述实干的最高境界。"三过家门而不入"的大禹，"躬亲庶政，不舍昼夜"的司马光，"临终不忘国事"的王猛，古往今来，这样的例子数不胜数，他们奉行着"先天下之忧而忧，后天下之乐而乐"的理念，把毕生心血和才华都奉献给国家。"居庙堂之高则忧其民，处江湖之远则忧其君"，在我国的传统文化里，敬业是修身、齐家、治国、平天下之本，敬业修身才能肩负起治国、平天下之大计。

"为者常成，行者常至。"实干是取得事业胜利的根本保证。毛泽东同志要求共产党员一定要有"认真实干"的精神，强调"一件事不做则已，做则必做到底，做到最后胜利"。邓小平同志也强调，"不干，半点马克思主义也没有"。习近平总书记指出："要脚踏实地、真抓实干，敢于担当责任，勇于直面矛盾，善于解决问题，努力创造经得起实践、人民、历史检验的实绩。"习近平总书记针对务实有很多生动的论述，"空谈误国、实干兴邦""一分部署，九分落实""发扬钉钉子精神"等，就是告诉我们，实现伟大复兴要求真务实、埋头苦干，要拼搏奋斗、久久为功。

敬业指职业的荣誉感和自豪感，强烈的事业心和责任心。爱岗是敬业的前提，敬业是爱岗的升华。"廉不言贫，勤不道苦"，敬业不仅是态度，更是一种境界，这种境界来自于对事业的认同，对工作的专注。实干容易做到，只要全身心投入，就一定能施展拳脚，大有作为，实干又很难做到，其核心是无私奉献，是不计个人得失，舍小家顾大家，做隐姓埋名人、干惊天动地事的无我境界。王有德20多年坚持治沙播绿、兴场富民，从一寸、一米、一亩，形成今天万亩绿洲，为构筑西部生态安全屏障作出了积极贡献，王有德带领职工群众以难以想象的吃苦精神，在荒漠上留下了一个个踏实坚定的绿色足印，他们的实干体现在人与自然环境的抗争上，正是敢为人先的精神，才生动书写了从"沙进人退"到"绿进沙退"的绿色篇章，体现了"社会主义是干出来的"深刻内涵。

敬业是立业之本，是社会主义核心价值观里个人的价值准则，国家发展与社会进步、事业成功与个人价值的体现都需要发扬敬业实干精神。多年来，习近平总书记始终强调学习和弘扬焦裕禄精神，称"焦裕禄精神是永恒的"。总书记号召党员干部学习焦裕禄，就是因为他有"吃别人嚼过的馍没味道"的实干作风，"敢教日月换新天"的奋斗精神。焦裕禄在担任内涝、风沙、盐碱"三害"肆虐的兰考县委书记期间，把36万兰考人民群众的安危冷暖挂在心头，年仅42岁的他积劳成疾，不幸逝世。直到生命的最后一刻，他始终保持人民公仆的本色，充分体现了共产党人立党为公、执政为民的崇高风范。进入社会主义新时代，党员干部需要从焦裕禄精神等宝贵精神财富中不断吸取力量，讲实话、办实事，把求真务实融入工作和生活中。

敬业是在人类创造实践活动中，对自身所从事工作的热爱、敬重和责任。它是在人与人、人与社会的交往活动中、在自身为社会工作的历程中，所形成的一种职业操守和人生态度。社会现在处于转型期，不少人心态浮躁，胸有大志的人多，而潜心钻研业务的人少。当我们抱怨大材小用、怀才不遇时，最根本的还是没把手头的工作做好，复杂的事情简单做，你就是专家；简单的事情重复做，你就是行家；重复的事情用心做，你就是赢家。

要做到敬业首先要树立一个长远而又切实的职业理想，谋生是最浅层次也是最基础的目标，而在岗位上如何体现人生价值是追求的更高目标。对于大学生来说，职业理想与现实会经常发生矛盾，很多人都没能如愿从事自己理想的职业，于是有的索性不就业，守株待兔，有的随便找个工作混日子，也有的整日怨天尤人，无所作为，这些现象发生的根源，在于还没有正确认识职业理想与现实的关系。

职业理想必须以个人能力为依据，超越客观条件去追求自己的所谓目标，也是不现实的。职业是多样性的，选择什么样的职业，与自身的思想品德、知识结构、能力水平、兴趣爱好等都有很大关系。职业理想源于现实又高于现实，作用在于导向与激励，托尔斯泰说过："理想是指路明灯。没有理想，没有坚定的方向；没有方向，没有生活。"职业理想能帮助我们在低落时调整自己，以顽强的拼搏精神和开拓创新的行动去为实现理想努力奋斗，使憧憬变成现实。

社会主义核心价值观之所以将敬业列入其中，是因为敬业无论对人类社会发展，还是展现社会主义优越性，都有着不可或缺的时代价值。

沁园春·长沙

毛泽东

独立寒秋，湘江北去，橘子洲头。看万山红遍，层林尽染；漫江碧透，百舸争流。鹰击长空，鱼翔浅底，万类霜天竞自由。怅寥廓，问苍茫大地，谁主沉浮？

携来百侣曾游，忆往昔峥嵘岁月稠。恰同学少年，风华正茂；书生意气，挥斥方遒。指点江山，激扬文字，粪土当年万户侯。曾记否，到中流击水，浪遏飞舟？

在以民族复兴、国家振兴为己任的影响下，1919 年 5 月 4 日，以青年学生为主的社会各界爱国人士因不满北洋政府的软弱无能，未能捍卫国家主权，在北京发起了声势浩大的示威游行。

100 多年前，青年学生爆发出空前的爱国热情，成为历史上的"救国一代"，尽管时代变迁，但以爱国、进步、民主、科学为代表的"五四"精神从未远去，并且已经成为当代青年的价值引领。五四是中国青年运动的起点，是中国新民主主义革命的开端，青年学生第一次以群体方式登上中国政治舞台，体现了青年"天下兴亡，匹夫有责"的担当精神。

新时代青年要坚定理想信念，把握政治方向。青年兴则国家兴，青年强则国家强。青年一代有理想、有志气、有担当，国家就有前途，民族就有希望。"吾族青年所当信誓旦旦，以昭示于世者，不在龈龈辩证白首中国之不死，乃在汲汲孕育青春中国之再生。"百年过去，言犹在耳，回顾新民主主义革命时期中国青年运动波澜壮阔的历史进程，可以看到，追求民族独立、人民解放始终是中国青年运动的主线，坚定听党话、跟党走始终是中国青年运动的信念，不怕牺牲、顽强斗争始终是中国青年运动的精神。无论是五四运动、一二·九运动，还是新中国建设、改革开放，青年群体始终是一股强大的力量，在中国共产党的领导下，始终与党同心、与人民同行，主题鲜明、凯歌奋进。

"中国向何处去？"这是五四运动那一代青年对国家前途命运的追问与思考，在救亡图存的不断求索中，在改变中国的艰难实践中，努力探寻改变中国命运的科学真理。立志而圣则圣矣，立志而贤则贤矣。习近平总书记多次强调，要志存高远，要立鸿鹄志。广大青年肩负新时代赋予的使命，要树立与时代主题同心同向的理想信念，把国家富强、民族复兴放在心中最重要的位置，深刻认识中国特色社会主义的历史必然性、科学真理性和现实优越性，坚定"四个自信"，做实现共产主义远大理想和中国特色社会主义共同理想的奋斗者。

新时代青年要担当时代责任，站稳人民立场。毛泽东同志曾说，"世界是你们的，也是我们的，但归根结底是你们的。"习近平总书记指出，"中国梦是历史的、现实的，也是未来的；是我们这一代的，更是青年一代的。"两位领袖的话一脉相承，国家的前途、民族的希望始终落在青年一代肩上。"家事国事天下事，事事关心"是一代代极具责任感的青年真实写照，五四青年的担当精神是当代青年在成长过程中必须遵循的。要担当，就要有一颗勇于担当的心，敢于担当的意识，善于担当的责任。在实现中华民族伟大复兴的新征程上，应对重大挑战、抵御重大风险、克服重大阻力、解决重大矛盾，迫切需要迎难而上、挺身而出的担当精神。

青春因磨砺而出彩，抗击新冠肺炎疫情的斗争是青年成长的"检验场"，以"90后"为代表的全国各族青年积极响应党的号召，挺身而出，充分展现了新时代中国青年的担当精神。在4.2万多名驰援湖北的医护人员中，就有1.2万多名是"90后"，其中相当一部分还是"95后"甚至"00后"。习近平总书记给北京大学援鄂医疗队全体"90后"党员回信中高度赞扬这些青年不畏艰险、冲锋在前、舍生忘死，彰显了青春的蓬勃力量，交出了合格答卷。想国家之所想、急国家之所急，青年一代冲锋在科研攻关、基础建设、志愿服务等各条战线上，为打赢疫情防控人民战争、总体战、阻击战贡献青春力量。

新时代青年要练就过硬本领，勇于砥砺奋斗。"珍惜韶华、不负青春，努力学习掌握科学知识，提高内在素质，锤炼过硬本领，使自己的思维视野、思想观念、认识水平跟上越来越快的时代发展。"习近平总书记这样勉励广大青年。十月革命给中国送来了马列主义，新文化运动促进思想解放，是学习让越来越多的知识分子、进步青年聚集在马克思主义旗帜下，为五四运动及中国共产党建立提供了思想上和干部上的准备。历史证明，学习新知识 吸收新思想，掌握新本领，才能推动国家发展。非才无以为贵，非学无以广才。要克服本领恐慌，学习是唯一的出路。新时代社会主义建设者和接班人，不仅要有中国情怀，而且要有世界眼光和国际视野。回顾历史，五四爆发缘起"弱国无外交"，百年之后，我们倡导"构建人类命运共同体"，宽广的胸怀与高远的格局要求当代中国青年不仅能肩负起建设祖国的使命，而且能承担起为世界、为人类作贡献的责任。

习近平总书记在纪念五四运动 100 周年大会上的重要讲话中指出，新时代中国青年要担当时代责任。"中国社会发展，中华民族振兴，中国人民幸福，必须依靠自己的英勇奋斗来实现，没有人会恩赐给我们一个光明的中国。"这就是告诉我们，实现中华民族伟大复兴要求真务实、埋头苦干，要拼搏奋斗、久久为功。当代青年生命的黄金期与实现"中国梦"的进程相吻合，比历史上任何时期都更接近、更有信心和能力实现中华民族伟大复兴，是亲身投入实践、亲手完成夙愿的"强国一代"，所以更要扎根人民，奉献国家，通过向人民学习、向实践学习，赶上新时代的脚步，把握现代化建设的脉搏，学会用马克思主义的立场、观点、方法发现问题、分析问题、解决问题，做马克思主义忠实的践行者。

作为新时代青年，对五四运动最好的纪念，就是在党的领导下，"以青春之我，创建青春之家庭，青春之国家，青春之民族，青春之人类，青春之地球，青春之宇宙"，勇做走在时代前列的奋进者、开拓者、奉献者，担负起历史重任，不断从新时代赋予的使命中寻找方向，在民族复兴的征程中贡献力量。

游子吟

（唐）孟郊

慈母手中线，游子身上衣。

临行密密缝，意恐迟迟归。

谁言寸草心，报得三春晖。

母亲节，朋友圈被各种对妈妈的问候刷屏，透过饱含爱意的相片与款款深情的文字，感受亲情的温暖。每年 5 月的第二个星期日是母亲节，这是一个感恩的节日，母爱是世上超越一切的亲情，母爱不会因距离而生疏，不会因时光流逝而减弱。

我家是典型的严父慈母，父亲对我从小要求就很严格，所以我更愿意把心里话说给母亲。当然这并不代表我不爱父亲，男性的真情不轻易流露出来，都喜欢隐藏在心底。

5 月 11 日是母亲的生日，早上发短信问候，几句话后，反而是她对我的关心，让我照顾好自己，不用操家里的心。网上流传一组图，内容是"妈，我衣服呢?"，"妈，我要吃饭"，"妈，我要喝水"，等等，而找父亲的时候就一句"爸，我妈呢?"为什么能引起共鸣，因为这就是生活，无论多大，在妈妈面前永远都是孩子，从呱呱坠地到成家立业，母亲的心就一直没有放下过。

很多出生于五十年代的人都有一个时代的烙印——知青。十七八岁的花季年龄，背着行囊远离家乡，在国家的号召下去农村插队，垦荒种地，放牛养羊，他们既为农村带来先进文化和城市文明，又为农村的建设增添了生力军，母亲就是其中一员。我时不时听母亲讲当年的故事，苦过、乐过、哭过、笑过、激情过、郁闷过，青春和追求，希望和憧憬，欢乐和泪水，光荣与梦想伴随她们成长。

母亲是个懂得感恩的人，几十年过去了，她仍与乡亲保持着密切的联系，当他们需要帮助时，她会尽其所能。我陪母亲去下乡的地方寻找当年的足迹，没想到几十年未见的乡亲还能一眼认出她，拉着她的手一起唠家常，灿烂的笑容让我感到一种幸福。这种幸福结缘于物资匮乏的年代，成长于改革开放，收获于小康社会。列夫·托尔斯泰说过:"人生的价值，并不是用时间，而是用深度去衡量的。"母亲是当年1800万名知青中的一个缩影，与其说母亲的美体现在勤奋能干、知恩图报，不如说这种美是那个年代赋予她们高尚的品格。

母亲出生在普通工人家庭，姥爷是很早一批为铁路做出贡献的人，他用辛勤的劳动养大5个子女。五六十年代，家家户户经济条件都不好，长年患病的姥姥让本不富裕的生活更捉襟见肘，于是母亲承担了很多在今天看来不是一个花季少女该做的事，凌晨捡煤核，回家煎药，匆匆上学，放学后做饭，医院照顾病人，舅、姨们都在用自己的方式贴补家用。生活幸福的我很难想象当年母亲生活的艰辛，因为父母把最好的都给了我。如今家里条件已经提高了，但母亲简朴的生活习惯一直没有变，朱柏庐在《朱子家训》中写道："一粥一饭当思来之不易，半丝半缕恒念物力维艰。"母亲就是现实写照，勤俭节约、勤劳朴实是母亲的最大的美。

"慈母的胳膊是由爱构成的，孩子睡在里面怎能不香甜？"这句话来自 19 世纪最伟大的文学家雨果。孩子最早学会说的话就是"妈妈"，这是天性，因为孩子和妈妈是最熟悉的，当我们蜷在母亲腹中时，就已经亲近了她。天下的母亲在对待孩子的感情上是一样的，所以无论是年少时的顽皮，还是青春期的叛逆，母亲都在默默陪伴或者是忍受。

我在成长过程中没少让母亲操心，我上高中的学校离家远，为了让我有更多的休息时间，我寄宿在大姨家。母亲两头跑，每天早上六点起床，赶到火车站坐车上班，晚上坐公交车再来陪我，很是辛苦，由于天黑路滑，她崴了脚，但仍然坚持每天过来，落下病根，现在还隐隐作痛。假如我当年再听点话，不让她操心，假如我当年学习再努力一点，不让她着急，假如我更加懂得怜惜母亲，不让她来回折腾……没有那么多假如，能做的只有把未来的生活过好。

我经常反省自己对父母是不是真孝顺，是过节的问候，还是给他们买的礼物，其实这些远远不够，他们更需要心灵的安慰，有时候我发现自己少了该有的责任担当。感情波折时找母亲倾诉，工作不顺时跟母亲吐槽，心情郁闷时给母亲electron话，而高兴的时候呢，不是和朋友吃饭聚餐，就是和哥们聊天瞎扯，当我们把负能量一股脑倒给母亲时，有没有想过她能否接受，妈妈关注你的朋友圈是因为关心，不断的嘘寒问暖是因为疼爱，只是我们还未完全理解母爱。

一部动漫《小蝌蚪找妈妈》，一部电影《妈妈再爱我一次》，一首歌曲《世上只有妈妈好》，一首诗词《游子吟》，关于母爱的文学艺术作品数不胜数，我们要读懂作品，从中领悟真谛，把对父母的疼爱落在实处，虽然母爱是无私的，但无私也需真情反馈，切勿让忙碌成为借口，让母爱成为无尽的付出。

孩子们都觉得自己的母亲很美，并不是因为各异的审美，而是血缘关系，谁也不愿意听到别人说自己的母亲不美，我也一样。母亲也曾年轻美丽，窈窕的身材，白皙的皮肤，长长的头发，因为孕育了我，身材会发福，因为要顾家，皱纹上了额头，人注定会老，容颜会随着岁月的流逝而变沧桑。妈妈的美丽并不局限于年轻，岁月在亲情面前很无力，时光根本欺负不了母亲，无论母亲的面容变的苍老，还是声音出现沙哑，但依然是我最愿意看到的面庞，依然是我最愿意听到的呼唤，但丁告诉我们："世界上有一种最美丽的声音，那便是母亲的呼唤。"

如果说爱如花般甜美，那么我的母亲就是那朵甜美的爱之花。你陪我长大，我陪你变老。

离娄下（第二十八章节选）

（战国）孟子

君子所以异于人者，以其存心也。君子以仁存心，以礼存心。仁者爱人，有礼者敬人。爱人者，人恒爱之；敬人者，人恒敬之。

网上流传一张图让人心酸，一个残疾的黑人孩子坐在地上，用粉笔给自己画了双腿，他是多么渴望奔跑。残疾儿童是弱小无助的，他们的眼睛中再也没有了闪烁星辰，只有无尽的泪水。

1990 年 12 月 28 日，全国人大常委会审议通过了《中华人民共和国残疾人保障法》，规定"每年 5 月第三个星期日，为全国助残日"。用法律的形式确定全国助残日，是培育全社会扶残助残风尚、提高全民助残意识的一项重要举措，也是精神文明创建活动的一个重要形式。

残疾有很多种，但我更关注盲人，是因为同情，都说眼睛是心灵的窗户，这扇窗户一旦关上，意味着隔绝。我曾做过一个体验，在宽敞的道路上蒙眼行走，几步之后就不自觉地放慢了速度，直到不敢挪步、蹲下身子。原本一分钟能走完的路，足足用了二十分钟，不是慢，而是更多时候停止不前。明知前方无障碍，但仍小心翼翼，是黑暗带来的恐惧让我不敢前行，我感受到内心的恐惧与生活的困难，理解盲人在摸索前行时是多么无助。盲道设计不合理或者被侵占已不是新闻，有正常人行走的大道，却容不下两条盲道，生活细微处便存在不公正。

残疾人面临的种种问题反映了观念、制度、环境、设施等需要提高和完善。毋庸置疑，残疾人是社会弱势群体，尽管出台了各项保障措施，社会上也有许多公益机构在提供帮助，但仍存在不公现象，比如教育与择业，其应当享受的权利往往由于各种条件的限制而无法实现。就业形势严峻，岗位要求也愈发苛刻，在正常人找工作都存在诸多困难的情况下，残疾人权利的保障更难。

"言非法度不出于口，行非公道不萌于心"，但生活中歧视残疾人的现象是存在的，个别人将残疾视为"残废"的观念根深蒂固，非但不会同情帮助，有的还欺辱调侃，甚至虐待。从媒体中看到一些"社会垃圾"以挑逗智障人士寻找乐趣时，我们能做的也只是道德上的谴责。身体残疾已属不幸，他们为了生存已经付出高于常人数倍的艰辛与汗水，可还是有人突破道德底线。比起身体残疾，那些心理残疾的人更可怕，更可悲。

曾经看过一则报道，黑中介骗取残疾人找工作的中介费，试用期一到便以种种理由解雇，更有黑心老板非法雇佣智障工人，在恶劣环境下干重体力劳动却不给工资，更不提供任何生活保障，与其说他们利欲熏心，法治观念淡薄，不如说这些家伙对残疾人的态度从根本上就出现了问题，认为好欺负，活该被骗。没有把残疾人的权益放在首位，又哪来的公正可谈？压榨残疾人实为藐视法律的权威，这些违法的行为最终会受到法律的制裁。

我国《残疾人保障法》立法宗旨是，维护残疾人的合法权益，发展残疾人事业，保障残疾人平等地充分参与社会生活，共享社会物质文化成果。平等是人权的重要内容，同样也是残疾人人权中最为重要的权利。社会公正是人人平等的前提，所谓社会公正，就是指给每个人所应得的，它所侧重的是社会的基本价值取向，并且强调这种价值取向的正当性。

如果我们能够认识到，残疾是因为客观原因造成身体缺陷带来的障碍，并不影响他们该拥有的权利和生活，就可以在观念上消除歧视，从而能够以更加包容的态度对待他们。多数残疾人都渴望主动融入社会，获得更多的机会，渴望得到和正常人一样的公正对待。他们中有许多身残志坚的榜样，残奥会上一次次响起的国歌让人感动落泪，顽强的拼搏精神代表着与命运抗争的勇气，不做社会与家庭的累赘，自力更生，自谋生路，用残缺的身体赢得他人尊重。残疾人创业的典型更让人感动。这些事例告诉我们，在公正的条件下，只要有机会，就不会有人选择做弱者。

随着中国经济社会的发展，残疾人在设施无障碍、普及义务教育、获得就业以及融入社会等方面，已经取得了巨大的进步。但客观地讲，这些进步往往是依靠自上而下的督促和要求来实现的，在实现的程度和广度等方面仍有局限性。比如在助残日，很多组织都会举行困难帮扶、法律援助、文艺演出等活动，也确实能解决一些实际困难，但节日形式的助残活动与临时救济毕竟有限，对于一些深层次问题，尚不能成为根本的解决之道。

"公其心，万善出。"要以长远的目光看待残疾问题，譬如为残疾人修建的无障碍设施，同样可以让老年人使用，辅助性的道具也可以为孩子们提供方便；再比如为普通人提供的就业技能培训，残疾人一样可以学习，只要在他能力范围之内，何必要将其拒之门外。对待残疾人不能仅仅停留在怜悯或者救济上，除去物质还有心理上的帮扶，残疾人的权利受到充分尊重的社会，一定是文明进步的社会。残疾人在社会上能得到充分认可才是公正的体现，保障残疾人的权益，是社会和谐与公正的一个重要标志。

"事在是非，公无远近。"我们要一分为二地看问题，避免陷入追求公正的误区。社会公正既是一件相对的事情，也是一件绝对的事情，是相对和绝对的统一体。改善弱势群体处境，维护弱势群体的利益固然重要，但以这个为标准来界定社会公正与否也是以偏概全，全社会共同努力的结果就是让弱势群体越来越少。改变需要时间和过程，如果因需求无法立刻得到满足就去埋怨指责，也有失公正，会让积极投入的人寒心。

社会有序发展需要万众一心，人们都在贡献力量，无论身份如何，都该享受应有的权利，受到一视同仁的保护，不能厚此薄彼。社会公正面对的不是哪一个特定群体，而是社会各群体，维护和促进社会公正，就是要实现各类群体各有所得的公正对待。在扶危济困，改善弱势群体生活处境，不断提升生活质量的同时，也要不断拓展社会各个群体自由发展的空间，激发活力和创造力。

社会公正是一个涉及法学、社会学、伦理学等诸多学科的问题，很难解释清楚，对于普通公民来讲，没有太大兴趣去研究文字，而是以自己的体会与经验来判断公正与否。在依法治国的背景下，政府的公平公正才会赢得民众的信任。

"大道之行也，天下为公。"公平正义就是社会主义核心价值观里公正意义的体现，公正不仅是社会发展进步的一种价值取向，也是衡量社会文明的一个重要尺度。

社会公正是人类的永恒追求。

儿童节谈成长

公历六月一日

小儿垂钓

（唐）胡令能

蓬头稚子学垂纶，侧坐莓苔草映身。

路人借问遥招手，恐畏鱼惊不应人。

1949 年 11 月，国际民主妇女联合会在莫斯科举行理事会议，中国和其他国家的代表愤怒地揭露了帝国主义和各国反动派残杀、毒害儿童的罪行，会议决定以每年的 6 月 1 日为国际儿童节。这是为了保障世界各国儿童的生存权、保健权和受教育权、抚养权，为了改善儿童生活，为了反对虐杀儿童和毒害儿童而设立的节日。设立初衷虽然沉重，但今天的儿童节充满欢乐。在儿童节，谈谈儿童的健康成长。

有首歌叫《不想长大》，里面有一句唱词，"我不想，我不想，不想长大，长大后，世界就没童话"，成长不仅是生理的必然结果，更是心智成熟的过程。网上流传一段视频《家长永远是孩子的榜样》，孩子在家长的影响下表现出种种不文明现象，成年人的行为举止潜移默化影响孩子的发展，不良习气除了给儿童带来压抑、害怕外，还有效仿。音乐会里孩子哭闹，博物馆里孩子乱跑，展览厅里孩子乱摸，公园里孩子在雕塑上攀爬，尽管提示牌上写着"请保持安静""请家长照看好孩子""禁止攀爬"等字样，对于这些提示，家长熟视无睹，一旦有工作人员来制止，很多家长还理直气壮地说，"他还是个孩子"。

14个灭火器和自行车从高空抛下险些殃及行人，肇事者居然是两个9岁孩子，当民警要求家长严肃教育时，家长却并不配合且矢口否认。在高铁上，几个孩子在车厢里吵闹，家长旁若无人地高声聊天，有位外籍专家不堪其扰提醒家长控制音量，管管孩子，结果孩子的父母火气很大，不仅出言不逊，孩子母亲还一巴掌把这位男士扇得眼底出血。过分溺爱孩子等于毁孩子，缺失的家教，总有一天会付出惨重的代价。家长的思想、行为和言语会影响孩子的人生，如果父母向孩子传递的是积极思想，展现的是文明行为，孩子就会努力经营自己的人生，养成良好的习惯，通过提升自我来改变现状。

学校一直在抓德育教育，抓素质教育，当孩子有了素质，那家长呢？日常生活中很多家长忙碌，使他们本能地忽视了对孩子的关注，通常都是"孩子没问题，我不知道；孩子有问题，我才知道"。每年各大美术院校毕业作品展都会面向公众开放，这本是一件陶冶情操、提高全民审美的好事，但不少作品遭到观展孩子的破坏。比破坏行为更让人不爽的是家长的不屑一顾，认为这都是小事。对孩子的纵容，疏于监管就是在其成长道路上埋下的祸根，"勿以善小而不为，勿以恶小而为之"，孩子不仅需要成长，大人也需要成长。对于孩子最好的教育，永远都是源于父母不断成长的样子，因为家庭优秀的氛围，才是真正对孩子的耳濡目染，否则哪怕找最好的老师，找最对的方法，都无法融入孩子真实的内心。

2016 年 5 月 18 日，国际博物馆日当天，国内的各大博物馆都免费开放，在上海玻璃博物馆却发生了一件让人痛心的事。国内首位获得英国玻璃艺术博士学位的薛吕为她刚出生的女儿做了一件精美的艺术品《天使的翅膀》，因为工艺复杂，材料脆弱，展品四周特别设立护栏，意思就是请观众不要触摸，但是有两个参观的"熊孩子"直接冲进了护栏并用力地摇晃和拉扯作品，由于猛烈撞击，天使的羽翼碎裂折断，一件精美的艺术品被破坏。我们说小孩儿不懂事，可视频里能看到，两个孩子的妈妈就站在一旁，非但没有制止，还拿着照相机淡定自若地给孩子拍照，最终艺术家保持了作品被毁坏后的样貌，改名《折》，并配上了监控视频，从《天使的翅膀》到《折》，给家长一记响亮的耳光。

孩子的世界应该是天真烂漫的，孩子们之间的友谊也应该是纯洁无瑕的，但生活中却总有不和谐的画面出现。每当有校园霸凌的视频出现，我就很难控制自己的情绪，难以平息心中怒火。作为教师，我对两类新闻极其敏感，一是学生安全，二是校园霸凌，往往这样的视频我看几秒钟就关了，心里难受。我国影视作品还没有更细致地分类分级，这对三观没有完全形成的孩子有很大影响，他们沉迷于其中的哥们义气，效仿其中的剧情片段，很多孩子法律意识淡薄，不考虑对错，更不知轻重，校园霸凌是很多人需要面对或者为之担心的现实问题。

校园霸凌绝非孩子之间的嬉戏打闹，《霸凌是什么——从教室到社会，直视你我的黑暗之心》中提出"霸凌四层次"的结构，"加害者的无感，受害者的沉默，观众的煽动和旁观者的冷漠"。梳理曝光的视频发现几个特点：以多欺少、言语侮辱、拳打脚踢、持刀威胁，更有甚者扒光衣服录视频、拍照片，围观者成群，拍摄者嬉笑，被打者低头不语、任由摆布，打人者嚣张至极，还摆出胜利的姿势拍照，在整个过程中，很少能见到有人出来制止，如果说施暴者和协助者能够对受害者造成伤害，附和者的嘲笑，旁观者的冷漠，也许是"压死骆驼的最后一根稻草"。

反映校园霸凌的电影《悲伤逆流成河》《少年的你》将未成年人的保护带入了大众的视线中。校园霸凌一直是社会的一个痛点，造成此类事件的因素是多方面的，首先是教育缺失。家庭教育与学校教育相辅相成，缺一不可。有的是因为复杂的家庭环境造成孩子从小没人管，早早辍学，有的是家境太好，从小溺爱，天不怕、地不怕，在学校里称王称霸，家长和老师把更多精力放在学习成绩上，放松了品德的教育，"重智轻德"酿下大错。其次，由于目前我国没有独立惩处未成年人犯罪行为的法律，《未成年人保护法》《预防未成年人犯罪法》多重视事后补救，事前防范和教育指导性较少，而《刑事诉讼法》《刑法》等相关法律更多地表现出对于有危害社会和他人行为的未成年人的保护，而不是严惩，这在客观上也滋生了"校园霸王"。还有公众对校园暴力事件严重程度的认知还停留在表面，这就使未成年人违法犯罪成本很低，仅仅停留在批评教育、承担医药费、商量调解的层面，忽视了被打者的心理疏导，这种阴影可不是在医院能治好的，更不是在短时间内能治愈的。国外有一项研究表明，遭受校园霸凌的孩子除了身体上受到侵害外，心灵上还会受到长达 40 年的负面影响，成年后的社会经济生活仍会被暴力阴影笼罩。

孩子间能有什么深仇大恨，究其原因，都是些鸡毛蒜皮的琐事，如听说被说了坏话、为朋友出气、嫉妒他人等，甚至一言不合、一个眼神不对便恶言相向继而大打出手。从校内同学冲突到纠结社会人员群殴，从不满管理，偷袭教师致死致伤，再到近年来出现的弑母、奸杀女童事件，未成年人犯罪现象必须要引起重视。未成年人犯罪一定要受到法律的制裁，说教不能解决所有问题，要根据实际情况采取必要的强制措施。《未成年人保护法》是保护未成年人的，但绝不能成为未成年人违法犯罪的"护身符"。在一起校园霸凌事件中，两名女生在宿舍内遭到殴打，导致嘴角撕裂，身体多处受伤，但更令人气愤的是，打人者不以为耻，竟在朋友圈公然发布警车和警察照片，并配发"已经对警车免疫""这次几日游"等调侃，施暴者的不以为然令人堪忧。学校和家庭在关注孩子学习成绩的同时，也应该注重孩子的是非观培养，敬畏生命敬畏法律，知道自己的所作所为要承担什么样的后果。

针对校园霸凌行为，国家也应该出台相应的惩治办法，通过多方面努力来减少校园霸凌事件的发生。目前，教育部开展了全国校园暴力专项整治，明确提出要通过专项治理，加强法制教育，严肃校规校纪，规范学生行为，促进学生身心健康，建设平安校园、和谐校园。让我们一起对校园霸凌说"不"，为孩子们营造一个更安全、更健康的学习生活环境，还孩子一片净土，让他们快乐成长。我不愿意看到挨打者忍气吞声，默默承受，更不希望看到以暴制暴，引发犯罪。

谈点轻松的话题。孩子们欢乐地过六一，很多成年人也在给自己过儿童节。六一儿童节已不是孩子专属的节日，是一个属于儿童和成年人共同的节日，当孩子们在学校、幼儿园表演节目的同时，青年大学生也在朋友圈里晒着自己的小温馨。我听到最多的词就是"宝宝"，"吓死宝宝了""宝宝心里苦""宝宝有情绪了"，其实越来越多的"宝宝"不是装嫩、卖萌，而是成长过程中内心的一种向往，对童年的留恋和怀念，所以网络上出现一个新名词——成人儿童节。

童心不褪色，快乐何其多。游乐园更嗨的不一定是儿童，玩具市场的庞大消费群也不一定是孩子，面对这些消费，自称"宝宝"的"80后""90后"表示毫无压力。保持童心是成长中最难得的一种状态，成年以后的我们面对的是纷繁复杂的环境与各方压力，当疲惫、迷茫甚至有戾气的时候，调整心态更为重要。其实我们真正想要的并不是每天都过儿童节，而是羡慕他们的无忧无虑。

党的十八大以来，习近平总书记多次同少先队员共度"六一"国际儿童节，总书记强调，"全社会都要了解少年儿童、尊重少年儿童、关心少年儿童、服务少年儿童，为少年儿童提供良好社会环境"。成长需要和谐的氛围，全社会都应营造。成长也不能是一个稀里糊涂的过程，无论是家长还是老师，都应给予陪伴、鼓励、批评、要求，不能放任他们自己摸索，要以温和、尊重的方式建立与孩子的沟通桥梁，引导孩子走上独立自主的成长道路。

父亲节谈父爱

公历六月第三个星期日

四十吟

（宋）刘黻

四十年来父子情，吁嗟今日任飘零。

虽惭负米供三釜，莫悔倾簏教一经。

饮水西江甘冷味，炷香南极祝高龄。

白云纵隔三千里，诗礼朝朝似过庭。

父亲节，这个 1910 年诞生于美国的节日，如今已在全世界广泛流传，朋友圈里早早地开始了各种祝福，不管爸爸们能否看到，孩子的这份心是诚挚的，今天我与大家一起谈谈父爱。

2008 年父亲节，我写过名为《他，我的爸爸》的网文，那是我从小到大第一次写父亲，公开去谈我与父亲之间的感情，我写过不少文章，谈母爱的也有好多篇，但很少提及父爱，不是我不爱我的父亲，也不是父亲的故事少，而是因为父爱很含蓄，很深沉，比起母爱的温柔细腻，父亲的感情更加坚毅。

都说父爱如山，母爱如水，这是中国"严父慈母"家庭构成的另一种表达。20世纪英国哲学家罗素说过，"父亲们最根本的缺点在于想要自己的孩子为自己争光"。我的父亲就有这个明显的"缺点"。从小到大，父亲对我要求很严格，从学习到生活，我基本上没有听到过他的赞扬，不是我不努力，而是他的标准很高，还有就是在我们之间有一个"别人家的孩子"。小的时候我心里埋怨过父亲，觉得他过于高冷，我也不喜欢把心事告诉他，因为我的心目中也有一个标准，那就是"别人家的爸爸"。

工作后有一次我和父亲深入地交流，话题中心是严格要求抹杀了孩子的天性还是有助于孩子的成长，过程非常激烈，但最后父亲说了一句掷地有声的话："别人的孩子我管不了，但我要是不严格要求你，你会有今天？"我无言以对，谁让我曾经也是个不省心的孩子，我要感激父亲当年的严厉，良好的品行是要从小抓起的。

父亲不苟言笑，我觉得这有可能和他的成长环境有关，因为父亲的父亲也是这样一个倔老头。爷爷对我是不吝惜的，但我听说父亲曾经因为丢了5元钱的学费不敢进家门，还挨了一顿揍，5元钱在50年前的农村是什么概念，今天的我无从得知。因为爷爷强大的遗传基因，所以父亲也很倔，有时候倔得让我和母亲无法理解，等我长大后回想起父亲当年那些因倔做出的决定，其实是一种坚持原则，守住底线。父亲的倔有时不被儿女理解，我们总认为父亲老了，有代沟，不懂年轻人的世界，工作多年后的我才理解了父辈们的初衷，其实是我们错了，是父亲以经历告诉孩子，有些东西不能碰，有些东西不能丢。

父亲比较严肃，我感觉很少能敞开心扉和他聊天，每当我刚刚进入状态的时候，总会被他理智的回答打断思路，所以我认为他是一个没有情趣的人。直到今天，父亲的冷静让我依然很怕他，也许他受工作的影响太大了，除了严谨没有更贴切的词来形容他。

在父亲没退休前，他下班回家后的第一句话会决定未来几小时的家庭气氛。如果一言不发，只看报纸，我和妈妈明白今天的老张需要安静；如果他很有兴趣地走进厨房与我们一起准备晚饭，说明心情很好。我所表达的并不是爸爸多么厉害，而是家里有一个善解人意的妈妈。每当我犯错的时候，我都会躲在妈妈身后寻求庇护，在叛逆期的那几年，父母为我没少争吵，家庭对于一个孩子的成长至关重要，有严肃的爸爸，有和蔼的妈妈，是他们的默契配合才有了今天成才的我。

我的老爸是典型的狮子座，强势，不言败，有一颗奋斗不止火热的心，崇尚的是光明磊落，积极向上。狮子座的特点在他身上体现得淋漓尽致，作为儿子，我没有资格去评价他的奋斗史，只晓得他是一个从农村一步一步走出来的人。父亲把所有的希望都寄托在我身上，寒风凛冽的冬天，我在老师家学习写作文，他和妈妈披着棉袄在大雪中接我下课；为了培养我的艺术素养，他不辞辛苦，带我穿梭在各大艺术馆；为了能让我有更优质的教育资源，在我身上投资无数。从小学到大学，只要有利于我进步的，父亲都毫不吝惜，他所做的是每一位爸爸都在做的，含辛茹苦培养儿女，竭尽全力支持我们学习。

父亲很有才，写着一笔好字，在没有电脑的那个年代，写字是一项很重要的技能，所以父亲就大力培养我的书法兴趣，他带我四处拜访老师，天资愚钝的我只有靠后天努力才能达到高标准。那个时候我也很累，把练字当成一种负担，其实父亲也没有逼我，只是我有很强的自尊心，我不想看着父亲为我的投入付诸东流，更不想看他失望难过。他的目的很单纯，希望我有一技之长，在侥幸取得几次成绩后，他露出了欣慰的笑容。天下的父亲都一样，他们可以不近乎人情地压榨孩子玩耍的时间，去安排各种各样的兴趣班、补习班，去布置很多课外作业，成年以后的我们才能理解父亲的初衷。在当今社会打拼，没有过人的技能是很难立足的。

我有很多爱好，自诩为很文雅的兴趣，我可以很骄傲地说要感谢父亲的培养，因为他爱读书，所以我也喜欢读书，因为他喜欢艺术，所以我选择了美术专业，因为他喜欢收藏小物件，所以我的家里摆满了各种各样有意思的摆件。兴趣爱好可以是天生的，但后天培养更为重要。父母是孩子的第一任老师，他们的言行举止潜移默化地影响着下一代，我庆幸的是有一个见多识广的爸爸，有一个自我要求严格的爸爸，有一个给我永远当榜样的爸爸。

我的爸爸其实也很温柔，只是不愿意让我看到他的另一面，他虽然没有当面说过我好，但他不只一次地跟朋友说"我有一个好儿子"。在天津读研的时候，爸爸来北京开会，哪怕就是半天时间，他都要到天津陪我吃午饭；我说我想吃家里饭了，他就和妈妈坐着飞机来看我，1600公里之外带来的红烧肉还有余温；工作后，他来天津陪我，尽管说"你忙你的，不要管我"，但每到快下班时，都会给我发短信，问我回家吃啥？快到假期，爸爸也总会让我妈问我啥时候回家，提前做好准备工作，虽然表现出回不回来无所谓的感觉，其实他早早地去超市买了好多食品。

父亲就是这样一个人，他的爱很含蓄，不像烈酒那样猛烈，而是一杯香茗，要细细去品，也就是在九年前的那篇博文下面，爸爸第一次也是唯一的一次留言，"肺腑之言，感受颇深，倔强好胜，害人害己，愧对于你，后悔不已，深情地说一句：儿子，爸爸永远爱你！"看完后，我泪流满面，父爱不是挂在嘴边的说词，而是发自内心的感动，父爱不是震天撼地的表现，而是润物无声的感化，父爱不是轰轰烈烈的壮举，而是一如既往的鼓励。

　　工作后，我见过很多学生的爸爸，也和很多爸爸成了联系紧密的网友，从送进校门的期望到离开时的不舍，从孩子取得奖学金的愉悦到犯错后的失望，他们和我分享其中的酸甜苦辣。当年我的爸爸何尝不是这样，虽然爸爸言语不多，但他时刻想坐下来听我讲心里的话，表面上不过问我的生活，其实他从一举一动观察我的变化，从妈妈那了解我的动向，我在朋友圈发一条状态，立刻就能得到父亲的反馈，他的关心不张扬但及时。每个孩子的爸爸都是这样，当我们受委屈了、难过了，站在子女身边的除了父母还有谁？都说陪伴是最长情的告白，那爸爸的陪伴就是最永恒的告白。

　　我们是孝顺的孩子吗？有人说"是"，每到节日的时候都会发信息问候，发朋友圈晒幸福，回家的时候给爸爸买好吃的，这还不孝顺吗？这些与父亲的付出相比远远不够，真正的孝顺不仅是物质上的满足，更重要的是精神上的慰藉。十年学生工作让我接触到形形色色的案例，我在和家长的接触中感受过父亲的无奈，我亲眼见过铁骨铮铮的汉子为了孩子流下辛酸的眼泪，亲耳听过他们讲述心中的憋屈。再坚强的爷们内心也有脆弱的一面，孩子就是这一软肋。他们不去问孩子的成绩是因为他们相信我们自主学习的能力，他们从不怀疑我们的话是因为他们相信孩子的自觉性，而有时我们辜负了这种信任，用谎言瞒过了善良的父亲。"当时父母念，今日尔应知。"让父亲放心、省心才是最大的孝顺。

　　我们无法选择自己的出身，但我们可以改变自己的未来，父亲用肩膀承担了一个家，现在是我们用个人能力去回馈的时候了。我看过一段话，"他们给你的未必是最贵的，但肯定是他们手中最好的"。一辈子没出过门的父亲送孩子来天津求学，说着浓重的方言与我交流，他们不放心孩子在大城市的生活，在忠厚老实的父亲眼里，城市花花绿绿，有机遇也有陷阱，办理"绿色通道"，申请"特殊补助"，安排"勤工助学"，老师们做得这些不仅仅是对学生的帮助，更要对得起父亲的嘱托。温家宝同志说过"父爱，如大海般深沉而宽广"，父爱的力量是伟大的，也许他没有给我们带来富足的生活，但他对子女的爱一点不会少。

　　"天地之性，人为贵；人之行，莫大于孝，孝莫大于严父。"人类的行为中，没有比孝道更大的，在孝道之中，没有比敬重父亲更重要的。冰心说："父爱是沉默的，如果你感觉到了那就不是父爱了！"因为爸爸们的低调，所以父亲节少了鲜花，少了母亲节铺天盖地的心灵鸡汤，但我理解了父亲当年为什么不去表扬我，这就是父爱的沉默，不要让亲情在熙熙攘攘的现代节奏中变得脆弱，我们做子女的更不要沉默，送上一句真心的问候："爸爸，节日快乐。"

教师节谈思政教育

公历九月十日

新　竹

（清）郑燮

新竹高于旧竹枝，全凭老干为扶持。

明年再有新生者，十丈龙孙绕凤池。

"国将兴，必贵师而重傅；贵师而重傅，则法度存。"中国自古尊师重道，在近现代史上，多次以不同的日期作为教师节，直至1985年，第六届全国人大常委会第九次会议通过了关于建立教师节的议案，真正确定了1985年9月10日为我国第一个教师节。

教育是民族振兴、社会进步的基石，教师是"人类灵魂的工程师"。2019年3月18日上午，习近平总书记在京召开学校思想政治理论课教师座谈会并发表重要讲话。这次座谈会是首次由党中央召开，我作为辅导员，现场聆听了总书记的讲话，备受鼓舞。从大思政的角度来看，团学工作者都属于思政教师行列，形势政策课、就业指导课、军事理论课，以及每一次班会、团组织生活会、谈心谈话等，只要构思巧妙、准备充分，都是一堂思政课。思想政治教育并不只有书本上的知识点，还有生活中的小故事、大道理；并不只是三尺讲台的灌输，还有日常交流的启发。思政课不能"曲高和寡"，贵在"润物无声"。

政治要强，让有信仰的人讲信仰。"办好中国的事情，关键在党"，党办教育的方针就是培养合格的社会主义建设者和接班人，而不是吃饭砸锅的反对派和掘墓人。在全国高校思想政治工作会上，习近平总书记指出，"高等教育肩负着培养德智体美全面发展的社会主义事业建设者和接班人的重大任务，必须坚持正确政治方向"。在全国教育大会上，总书记再次强调"培养德智体美劳全面发展的社会主义建设者和接班人"。一系列重要讲话为"培养什么人、怎样培养人、为谁培养人"这一根本问题指明了方向。学术研究无禁区、课堂讲授有纪律，杜绝有损国家利益和不利于学生健康成长的言行，只有老师立场坚定，教出来的学生才会爱党爱国爱人民。

今天所面对的环境是复杂的，学生获取信息的渠道是多元的。在泛娱乐化的环境下，虚无主义思潮影响主流意识形态，强调信仰问题格外重要。匪夷所思的抗日神剧颠覆三观，学生从中没有感受出战争的残酷，反而调侃"侵略者能在中国坚持八年太不容易了"。污蔑革命烈士，实为解构主流价值，磨灭民族精神；诋毁党的领袖，实为否定党的政治品格；抹杀、贬损革命，实为否定中国革命的进步；攻击马列主义，实为否定共产党的建立与选择。如果不把这些清楚明白地告诉正在成长的"接班人"，他们又怎能牢固个人信仰？信仰是人类行动的总开关，成就了人生的新思考，成为人生的新方向。青年学生是祖国的未来，其信仰以及最终的社会价值观如何形成、如何发展将直接关乎党和国家的前途命运。

情怀要深，保持家国情怀。史书万卷，字里行间皆可见"家国"。

无论是"为天地立心，为生民立命，为往圣继绝学，为万世开太平"的人文理想，还是"先天下之忧而忧，后天下之乐而乐"的大任担当；无论是"人生自古谁无死，留取丹心照汗青"的忠诚执着，还是"苟利国家生死以，岂因祸福避趋之"的豪迈誓言……家国情怀早已沉淀为中华儿女的内在品格，成为中华优秀传统文化的宝贵财富。什么叫作心怀天下，什么叫作家国情怀，就是将自己的生命历程与国家民族命运同步，就是把爱家和爱国统一起来，心往一处想，劲往一处使，用4亿多家庭、14亿多人民的智慧和热情，汇聚起实现"两个一百年"奋斗目标、实现中华民族伟大复兴中国梦的磅礴力量。"没有国家繁荣发展，就没有家庭幸福美满。同样，没有千千万万家庭幸福美满，就没有国家繁荣发展。"

家国情怀是知识分子根植于内心的信念，这种信念蕴含在中华民族不屈不挠、自强不息的精神里，历经千百年传承，天然而持久。近现代以来，一大批知识分子锲而不舍地探索中国发展道路，从林则徐的"苟利国家生死以"，到鲁迅的"我以我血荐轩辕"，再到周恩来的"为中华之崛起而读书"，习近平总书记的"爱国，是人世间最深层、最持久的情感"，钱学森、华罗庚、梁思礼、邓稼先等一大批留美科学家冲破阻挠，回到祖国参与建设，他们鞠躬尽瘁，把精力献给祖国，把知识教给学生，闪耀的名字，光辉的历程，深厚的家国情怀。在2019年春节团拜会上，习近平总书记号召在全社会大力弘扬家国情怀。作为辅导员，要把习近平总书记的嘱托牢记于心，通过深入浅出、灵活生动的授课方式，把家国情怀深植到学生的心灵当中，使之成为支撑中华民族生生不息、薪火相传的重要精神力量。

思维要新，创新课堂教学。要解决思政课抬头率的问题，就必须了解学生所思所想，所学所用，畅通交流的渠道，搭建沟通的平台，更要从青年的视角看中国，看世界。习近平总书记指出："一种价值观要真正发挥作用，必须融入社会生活，让人们在实践中感知它、领悟它。要注意把我们所提倡的与人们日常生活紧密联系起来，在落细、落小、落实上下功夫。"创新是新时代的灵魂，把"点名课"变成"网红课"，教育的观念、教学的方式都要与时俱进，推陈出新。比如提起典故，有人觉得晦涩难懂，但总书记用典让人听得进，记得住；再比如提马克思主义，有人觉得虚无缥缈，但总书记讲的公开课朴实无华，总书记为经史典籍中的佳句赋予新的时代内涵，为马克思主义中国化提供了新的范本。

这几年，马院的思政课老师打破了第一课堂的"条条框框"，把"最难讲"变成"最精彩"，而辅导员则打造"随时随地"的第二课堂，把"纸上谈"变成"实践行"。"中国早期的马克思主义者大多受过良好教育，个人前景光明，为什么却走上为劳苦大众代言的艰辛革命道路？"课堂上布置的思考题，我在实践教学中来回答。"我们来到这里，就是为了寻找历史与人民选择马克思主义和社会主义、一直跟党走的奥秘。"在周恩来邓颖超纪念馆，我以"认清历史选择坚定理想信念"为主题开展实践教学，几十名学生带着疑问，在纪念馆寻找答案，从同学们犀利又不乏深度的提问中能看出大家的深度思考，让中国故事历久弥新，让理论思想入脑入心，我们都是实践育人的受益者。

视野要广，把道理讲清楚。党的十九大报告里，习近平总书记提出，"建设教育强国是中华民族伟大复兴的基础工程，必须把教育事业放在优先位置"。这一点让我们认识到在世界和中国发展大势中、在中国特色和国际比较中，教育的重要地位。从一系列的讲话中能看出总书记的青年观包括世界青年观和中国青年观。一方面，总书记的青年观是放眼于世界；另一方面，总书记的青年观是扎根于中国。在俄罗斯莫斯科国际关系学院，在哈萨克斯坦纳扎尔巴耶夫大学，在比利时布鲁日欧洲学院，在美国塔科马市林肯中学，等等，总书记演讲中都对全球青年寄予殷切期望。在北大"得其大者可以兼其小"，在南开"把小我融入大我"，在澳门大学"知行合一、学以致用"，总书记以广阔的视野教育青年学生，把个人命运与国家发展紧密结合在一起。

思想政治教育入脑入心，具有亲和力和针对性，关键一点就是理论要接地气，不怕学生问，不回避提出的问题，在互动中凝聚共识。总书记说："谁赢得了互联网，谁就赢得青年。"网络育人不是单纯地从机器到机器，而是以匠心暖人心。做好高校思政工作，要"因事而化、因时而进、因势而新"，推动媒体融合向纵深发展，要"因势而谋、应势而动、顺势而为"，按照总书记指明的方向，我们要坚持立足时代、借力网络、贴近学生，告诉"95 后""00 后"，"我们要成为什么样的人"。

自律要严，积极传递正能量。自由快乐之人，必是敬畏法度之人，而敬畏法度之人，多是严于律己之人，教师要自律，做到课上课下一致、网上网下一致。在网络飞速发展的今天，"逢党必黑，逢中必骂"的一小撮人不断编造谣言、制造事端，挑战国人底线，虚假新闻，过激言论，谩骂、嘲讽、诋毁充斥荧屏，更有甚者散发"有毒"信息，激化矛盾。看见这样的信息能不能自觉抵制，不再进行二次传播，能不能站出来说几句公道话，清朗网络，当今时代的爱国不一定是投笔从戎，血洒疆场，也可以是筑牢网络阵地，引领学生自觉地与国家、与人民站在一起。

座谈会上，习近平总书记回忆在八一学校读初中时，军人转业的政治课老师平时话语不多，但在讲授焦裕禄的事迹时数度哽咽，给同学们带来心灵震撼。"这节课在我的一生中留下深刻印记，对我树立坚定的理想信念也有很重要的影响。"总书记以亲身经历、真情流露弘扬主旋律、传递正能量。这两年，教育部思政司组织开展了"学习宣传贯彻党的十九大精神——千名高校优秀辅导员'校园巡讲'和'网络巡礼'活动"，动员辅导员和青年学生学在一起、讲在一起、悟在一起，让身边人讲述身边事，用身边事教育身边人。作为其中一员，我在百余所学校宣讲，听众数万人，无论是讲好中国故事还是弘扬网络正能量，目的就是让广大青年学生以理想信念为根基，成为新时代"马克思主义者"，成为社会主义核心价值观的坚定信仰者、积极传播者、模范践行者。

人格要正，有人格，才有吸引力。习近平总书记在一系列重要讲话中，把师德师风建设作为提升新时代教师素质、办好人民满意教育的首要任务，提出了一系列师德建设的标准和要求。"学为人师，行为世范"，这八个字是我国知识分子人格修养的标准和精神追求。学为人师，就是所学要为世人之师。行为世范，就是要方方面面，时时刻刻，都光明正大，能够成为社会中的模范，师德高尚者，将会时时处处以传递文明为己任。汶川地震，谭千秋、张米亚、翟万容、刘宁等，在危难时刻，他们用无私向世人展示教师的人格，展示人民教师的高尚情操，用鲜血甚至生命维护教师的尊严。

中国自古就是尊师重教的国家，老师在人们心目中的地位很高，"师者，传道授业解惑也"，教师的自身修养对学生三观有着重要影响。教师人格的体现最直接的就是师德，是教师应有的道德和行为规范，是社会道德体系的组成部分，是学生道德修养的楷模，相对于学问，老师的人格更重要。只要是涉及师德的新闻，必定引起广泛关注，因为教师是人类灵魂的工程师，几起与教师有关的负面事件曾引发社会热议，在谴责声中，我们不难发现，教师已经不是简单的传道授业解惑，而是需要集有理想信念、有道德情操、有扎实学识、有仁爱之心于一身，做学生锤炼品格的引路人，做学生学习知识的引路人，做学生创新思维的引路人，做学生奉献祖国的引路人，"引路人"的身份必然要求老师要以高尚的人格感染学生、赢得学生，做让学生喜爱的人。

教师要给学生心灵埋下真善美的种子，无论在何时都要正衣冠、扣扣子，只有扣好自己人生的一粒粒扣子，才能引领学生扣好人生的一粒粒扣子，"把爱国情、强国志、报国行自觉融入坚持和发展中国特色社会主义事业、建设社会主义现代化强国、实现中华民族伟大复兴的奋斗之中"。

尹文子·大道上

（战国）尹文子

是者常是，非者常非，亦吾所信。然是虽常是，有时而不用；非虽常非，有时而必行。

记者节是我国仅有的三个行业性节日之一，记者是宣传工作的主要力量。习近平总书记强调，做宣传思想工作要有"阵地"意识，我们不去主动占领，人家就会去占领。我不是记者，但我和他们做着同样一件事——宣传。我的阵地在网络，受众是青年学生，网络的发展改变着舆论的格局，学生的发展决定国家的未来。

记者是一个风光的职业，出入各种场合，采访政要，对话商贾，近距离接触明星大咖、行业翘楚；记者是一个辛苦的职业，四处奔波，寻找热点，起早贪黑，不是采访就是写稿；记者也是一个危险的职业，深入战地或者灾区，用镜头带着观众深入一线，看清事实。2018 年 12 月 21 日，第五届"好记者讲好故事"巡讲团走进学校，来自 11 家中央以及地方媒体的 11 名优秀记者讲述了他们的好故事。非洲维和的日子、天山山脉马背上的医疗队、沙场格桑花、荒漠中建起的绿洲、黑土地上梦想的种子、扶贫路上明亮的眼睛、珠峰北坡逆风而上的植物学家……报告会上，11 位新闻人既是讲故事的人，也是故事里的人。在聆听他们的讲述后，敬佩之心油然而生。新闻采访权不是行政权力，也不是司法权力，它是公众知情权、社会参与权、社会监督权的代表和延伸。正是因为这种定义，记者被民众给予更大的期望，传播的根本目的是传递信息，还原真实，是人与人之间、人与社会之间的桥梁，记者则是传播的中枢。

身在自媒体时代，传播途径、媒介、速度今非昔比，人人手握麦克风，掌握话语权，一条微博不过几十字，一张照片不过几十 K，一段视频不过几十秒，大家都是传播的源头与媒介，腾讯微博曾推出一个活动叫"全民记者"，鼓励大家将身边的新闻轶事上传网络。传播已经不单是记者的工作，而是每个公民都能参与的活动，这种变化则是建立在经济发展、科技发达、网络普及、意识提高之上的。

今天谁还敢忽视网络的传播，谁还敢小看网民的力量，谁还会轻易放弃网络这块阵地，谁又愿离开网络过"原始"生活。互联网发展很快，但在什么时候成为传播的重要阵地这我还真不好说，感觉一切都是水到渠成，顺其自然，不知不觉形成今天"红红火火"的局面，就像我记不清何时开始网上购物，网上缴纳水费、电话费；网上交流沟通，"键对键"地开展工作；网上阅读，看电影一样，网络靠什么"渗透"进生活，值得深思。

搞传播难吗？难，难的有点虐心。写什么？怎么写？写完了有没有人看？是坚持自己的写作风格还是迎合读者心理与阅读习惯？这些都是问题，传播不是闭门造车、孤芳自赏，而是需要读者的认同。利用网络做大学生思想教育是这些年我一直探索的事，十年前我写博文纯属兴趣爱好，不分享不推送，基本没人浏览，更新全看心情，那时博客只是宣泄情感的一个工具，从没想过用它传播。在高校工作最大的优势就是能和青年朋友在一起，了解最新的资讯与前沿科技，倒逼自己转型，从2004年中共中央16号文件《关于进一步加强和改进大学生思想政治教育的意见》提出的"主动占领网络思想政治教育新阵地"到今天百家争鸣，已经不用再去讨论新媒体的影响力了，大势所趋，正能量的传播也要顺势而为。

搞传播的"草根"每天都在绞尽脑汁地策划，冥思苦想地创新，但传递价值观的文章，使劲洪荒之力推送，阅读量却很低，名人大咖随意转发的一些生活琐事都能引起吃瓜群众的极大兴趣，充满正能量的文章阅读量过千都困难。过去很拼，两点之前没睡过觉，每次写完网文后都有种"山中才一日，世上已千年"闭关修炼的感觉，写作是基础，发文是过程，传播才是目标，而检验传播效果的标准就是浏览量。我相信大多数小编都是带着梦想入睡的，盼望着走心的文章能刷屏。在自媒体"泛滥"的今天，刷屏谈何容易，后来发现文章浏览量达到"10万+"比中500万奖金还难。

我熬过鸡汤，写过体会，聊过电影，谈过经历，论述过社会焦点，蹭过娱乐新闻，有正能量，有小情绪，有小清新，也有重口味，大到世界、国家，小到校园、家庭，每一个话题背后都是我认真的思考。强大后援团原创了很多手绘作品，每张配图背后都是故事，一个辅导员能想到的方法都想到了，能整合的资源都用到了，可效果还是不理想。写了那么详细的电信诈骗案例，还是有人上当，竟然是给我点赞的学生，我不禁要问，"你到底看了没看?"明明你在禁烟、防火的文章下留言表示支持，怎么通报违纪人员名单里还有你，我不禁要问，"你到底看了没看?"

做好网络宣传工作，不能盯着过去不放，不能使用老办法、旧办法，而是要与时俱进，开创新的手段，成为运用现代化传媒新手段、新方法的行家里手。安装了一个视频 APP，城市的美食美景，影视剧的经典镜头，名家讲座的名言金句，厨师教做饭的步骤，等等，视频都是四五分钟，一个接一个刷，不知不觉过去很长时间。我看了看自己刷手机的时间，10 点钻进被窝，但每次都能看两三个小时，依旧感觉不过瘾。视频中有很多拍客寻找北京犄角旮旯里的小吃，没有特殊的镜头和拍摄技巧，只有体验后的真实感受，却让我欲罢不能，于是在一个月里，我把视频介绍的十多家"网红店"跑了一遍，到那发现很多人和我一样，都是看了视频慕名寻来的，新媒体确实改变很多人的思维和行为。

"不日新者必日退。"在青年学生中传递正能量，最忌故步自封，必须吐故纳新。今天，大半数中国人已接入互联网，大学生是网络上最活跃的一部分人，要做好青年人的思想引领，创新是一个本质要求，如果不"因势而谋、应时而动、顺势而为"，如何在纷繁复杂中把握主流，如何在喧嚣嘈杂中有效引导，如何在众说纷纭中占据主导。多变的技术、多元的价值观，身处机遇与挑战的时代，面临着前所未有的舆论环境，所以习近平总书记强调，宣传思想工作"比以往任何时候都更加需要创新"。

在宣传中赢得主动权，做好新时代这份考题。祝记者朋友们"做党的政策主张的传播者、时代风云的记录者、社会进步的推动者、公平正义的守望者"，也祝所有做新媒体的辅导员"努力推出有思想、有温度、有品质的作品"。让我们一起"保持人民情怀，记录伟大时代"。

学生节谈大学

公历十一月十七日

劝　学

（唐）颜真卿

三更灯火五更鸡，正是男儿读书时。

黑发不知勤学早，白首方悔读书迟。

　　1946 年，世界各国学生代表于捷克首都布拉格召开全世界学生大会，为了在大学生中倡导追求和平、民主和自由，也为了纪念反法西斯的大学生运动，宣布把每年的 11 月 17 日定为"世界大学生节"，以加强全世界大学生的团结和友谊。今天，国际大学生节的意义早已经超越了铭记历史的初衷，已经成为大学生彰显个性、展现校园文化的一个基点。2013 年 9 月 7 日，习近平主席在哈萨克斯坦纳扎尔巴耶夫大学作重要演讲。他说道："看到同学们朝气蓬勃的精神面貌，我不由想起了我的大学时代，那是一个令人难忘的青春记忆。"在大学生自己的节日里与同学们谈谈大学，谈谈大学生活。

　　理想。先谈理想可不是套路，而是自己的感受，四年大学花销不算少，如果连目标都没有，为何读书都还没搞明白，那可就白瞎了四年光阴。刚参加工作的我在新生见面会上和一个同学的对话至今难忘，我问他"你上大学有什么理想?"他答"混"，我又问"那你毕业打算干什么?"他答"混混"。我竟然无言以对，这明显不是我预想的节奏，众目睽睽下"我好尴尬"。今天回想起来，假如他喊几句口号或者说一大堆冠冕堂皇的话也许会让我更不舒服，机智幽默的回答更体现了"90后"艺术生的个性。我的问题太"low"了，初次见面就去问对方的理想无疑等同于我们孩童时，大人们问"长大后你想干什么"一样，而选项也只有三个，科学家、解放军还是什么? 事实上那位同学并不是像他说的那样在"混大学"，而是不断调整，最终考上央美研究生。毕业之际，我俩喝酒叙旧，情到深处，我说"你是个有理想的人"。而他的回答让我再次质疑自己的谈话方式，"老师，我现在的努力都是为了儿时吹过的牛"。今天的他已经成为沄跃的新锐青年艺术家。其实理想很简单，就是我们内心最真挚、最想做成的那件事，理想并不是惊天动地的誓言，而是辛勤刻苦的付出，理想不需昭告天下，只要自己记住就好，理想是人生规划，理想是奋斗历程，理想就是不忘初心。

　　安全。我为什么把安全放在这么重要的位置，是因为学校并非一片净土，校门拦不住坏人，围墙也阻挡不住外界的是是非非，儿行千里母担忧，从离家求学的那一刻起，家人的重心也因你转移。安全包括很多方面，交通、食品、防火、防盗等，每一所大学都为同学营造了安全的大环境，而个人安全则需要自己时刻注意。入学时的安全教育要去听，学生手册里的注意事项要去看，老师们没完没了的安全提示要去记，学校能管住几千亩校园的安全，但管不住良莠不齐的网络信息。开学之前，几名大学生因网络诈骗损失财产、失去生命的事让人惋惜，还有之前大学生假期回家，开学返校连续失联遇害的事件都是惨痛的教训，我们要反省，为何坏人屡屡得逞，是因为"事不关己高高挂起"的思想在作祟。安全教育大会上，有多少人在认真听？辅导员们发的安全文章，有几人在用心看？老师用心码字，阅读量却很低，前几天我重新整理预防诈骗的实用贴，只要大家能耐心看完，无论骗子如何花言巧语，怎样升级诈骗形式，你都能拆穿。同学们，永远记住，别提钱，"提钱伤感情"。

健康。我指的健康不光是能吃能喝能睡，也不仅仅指加强运动增强体质，而更多的是关照内心，遇到困难挫折，调整心态，寻求解决方法的积极状态。学习好固然重要，但在我看来，有个好身体、有个健康的心态比学习好更重要。闷闷不乐，郁郁寡欢严重影响学习与生活的质量。"面朝大海，心暖花开"不光是微信里的个性签名，"心若阳光，无谓悲伤"也不仅仅是抒发的小情怀，"心若浮沉，浅笑安然"也不只是一碗"鸡汤"，这些暖心文字带来的力量要出现在生活中。其实没有什么大不了，成绩下降，努力就好；单身失恋，再找就好；钱多钱少，够花就好；身材肥胖，运动就好；体质虚弱，补补就好；一脸疙瘩，美颜就好，总之，创造一切美好的是我们自己，正所谓"你若盛开，清风自来"。

学习。过去说学习是学生的天职，今天看，什么样的人都要学习，学做一道新菜是学习，学玩一个新游戏也是学习，学习是一个过程，但学的内容包括什么，这就要"脑洞大开"了。学习不仅仅是 XYZ，各种方程公式，我认为只要是有利于进步与成长的都在可学范围之内。书本上的知识要去学，这是未来求职、考研的砝码；为人处事的道理要去学，这是立身之本；兴趣爱好要培养，这是陶冶情操的有效途径；生活技能也要去学，这是生存的基础。谚语说："活到老，学到老。"这个学就指博学，学众家所长。上大学的我没有局限于专业，文学、经济、政治都是我感兴趣的内容，兴趣是最好的老师，因为有了兴趣，我才会从浩瀚的文海中执着地寻找知识，当我为了一幅画的创作冥思苦想而毫无进展的时候，我会尝试去看其他方面的书籍，找几个志同道合的朋友聊聊，再或者在激烈的 CF 里发泄，运动场上挥汗如雨，这些看似毫无关联的事件也许会激发灵感与动力。如果把学习当成一种"痛苦"，那不如暂时搁置痛苦，让短暂的快乐填补空虚。不要急于规划宏伟蓝图，第一学年不如"先定一个能达到的小目标"，比如说得一次奖学金或者考个计算机证。

时间。高中时你是不是经常听到老师说，"抓紧时间再苦几个月，等上大学就轻松了"。考上大学的同学分成两拨，多数人发现原来高中老师逗乐呢，每天不是在上课，就是在去图书馆的路上，当然还有个别同学真的相信了，大学空闲时间真多，不是在电脑前玩 DOTA，就是在去玩的路上。《人民日报》官方微信曾发表一篇文章《大学，是一场最精彩的变形计》，里面有一段话"虽然人生这场赛跑注定了不完全公平，但每一个阶段的大抵公平还是有的。你选择了什么，就会收获什么；你将时间花在哪里，时间就会还给你什么。观念左右行动，投入决定产出，一切最终输出的结果都是由最初输入的选择和行动导致的"。大学的时间靠个人安排支配，付出与回报成正比，最近《放羊和砍柴的》火爆朋友圈，里面就是在阐述时间、社交与资源的辩证关系，不要将大学变成高考后的狂欢，而是把"洪荒之力"用在人生最美好的四年。

规矩。千万不要一看到这个词就不自觉地抵制，大学是释放自我，崇尚自由的场所，学校给所有青年学生搭建平台，提供帮助，而规矩是完成学业的保障与前提。比如，明知宿舍禁烟，吞云吐雾，批评受罚不如"安静地做个美男子"；明知《学生手册》里划了各条"红线"，你非要挑战，"家里人知道吗"；明知网上散播谣言、传播虚假信息要承担法律责任，你非要"手滑"分享，"怎么破"？规矩不是限定自由，而是让我们更自由，与其事后后悔，何必当初任性，"no zuo no die"大概就这个意思吧。有一句话评价人的素质，"根植于内心的修养，无需提醒的自觉，以约束为前提的自由，为他人着想的善良"。其中有两句都和规矩有关，"考学不易，上学更不易，且行且珍惜"。

社团。社团都干啥？社团好玩吗？社团收费吗？社团有啥福利？"社团是什么鬼"？以我的经验看，刚入学的"小鲜肉"对社团的热衷超过一切，学生会的介绍、纳新是学生干部们做的，我不抢戏，我只用最简单的一句话来解释"社团是有共同兴趣的同学自愿参加的学生组织"。看清楚了，一是有兴趣，二是自愿。学生社团早已过了"靠人数拼人气"的时代，不要只听振奋人心的社团宣传，不要光看热火朝天的纳新场面，而是要自问，准备好了吗？有热情吗？有时间吗？有兴趣吗？有精力吗？想好了再去做，这样就避免了"大一积极参加，大二无所事事，大三自然消失，大四回过头说社团的种种不好"的窘境。大可不必这样。对于社团，"可以不爱，但请不要伤害"。虽然成不了食堂、宿舍、教室三点一线的学霸，但也绝不能是只顾组织参加活动而门门课都亮红灯的学渣，不要只成为社团的得力干将，还要成为专业学习的尖子，只要做好准备，"社团大门常打开，开放怀抱等你来"。

爱情。最后谈谈这个话题，以证明我这个辅导员与大家还没有很大的代沟。我很感谢这个时代的开放与宽容，老师才能和学生公开地去聊爱情。七夕节，我写过一篇文章《七夕节里谈爱情》，没想到曾经一个较为"敏感"的话题不但被大众接受，还得到很多认同，这些都证明人们的观念在改变。我们不用刻意去避开人性话题，正确认识校园才能处理好同学之间的关系，才能分得清什么是友情，什么是爱情，什么是知己，什么是恋人。不要把喜欢变成负担，更不要把美好想成龌龊，变

"堵"为"疏",这样孩子才可以正大光明地与父母沟通,同学才能敞开心扉地与老师交流,大家才能踏实地看场电影而不用跟爸妈说是在图书馆上自习。老生常谈,爱情不仅要对自己负责,更要对他人负责,爱情不全是花前月下的浪漫,还有点灯夜读的勤奋,不全是无所欲为的任性,还有包容体谅的理解,不全是娇艳欲滴的玫瑰,还有相知相惜的掌声,不全是海誓山盟的告白,还有一点一滴的感动。

消费。当你开始独立支配生活费,我想是时候谈谈消费了。大学生是社会的生力军,也是网购的主力军,既是消费的主体也是未来消费潮流的引导者,我不质疑大学生的眼光,而是不太相信大家的理财意识和财务支配能力。如今网购繁荣,但背后折射出一种担忧,很多同学存在无计划消费的倾向,就是没有任何目的的消费,"花明天的钱,办今天的事"成为一部分人追逐的时尚,"月光族"成为过去,"卡卡族"是庞大群体,无度消费催生了"校园贷"的出现,恶性循环,悲剧就此发生。一篇名为《别再拿着父母的钱炫富了》的文章在朋友圈火了,文笔犀利,一针见血,戳破部分大学生消费的遮羞布,互相攀比是盲目消费的诱因,高档消费品成为虚荣心的现实体现。你用名牌我也要用,内心明知道自己不需要,可就是战胜不了任性与冲动。大学生每月生活费是有限的,不理性的消费加重了资金成本,这种压力转嫁给父母,所以文章中说"你在狐假虎威地追逐诗与远方,却让父母替你苟且,你真自私"。理性消费不是刻意为省钱而省钱,而是在能力范围内,按照追求效用最大化原则进行的消费。

希望大学生只争朝夕、不负韶华,志存高远、脚踏实地,未来是属于一代代青年人的。

4.15

第四章

主题性节日

有节有理——与大学生谈节日

登鹳雀楼

（唐）王之涣

白日依山尽，黄河入海流。

欲穷千里目，更上一层楼。

元旦是世界多数国家通称的"新年"。元，谓"始"，凡数之始称为"元"；旦，谓"日"；"元旦"意即"初始之日"。一元复始，出征起点，熬碗"鸡汤"，谈谈梦想。

"心灵鸡汤"流行于"80后""90后"中，新媒体时代，总有各种映照心灵的图文让我思考人生。"鸡汤"是好的，带来满满正能量，鼓励人们继续为实现目标奋斗，但有的"鸡汤"也只是暂时麻醉，除感到精神舒适外，并不能完全解决实际问题，所以鸡汤又是有"毒"的。青年朋友具备独立思考的能力，因此我并不担心大家陷入软文而不能自拔，谈梦想不是单纯熬"鸡汤"，更像是注入一针"兴奋剂"，鼓励大家为实现梦想去努力。

胡适先生在1935年元旦给《大公报》写的贺词题为《新年的梦想》，里面提道了他的两个梦想，一是在新年里可以看见中国赋税制度的转变，二是政府能充分运用关税政策和交通政策来帮助解决民食的问题，文章最后充满希望地写道："新年的梦想还多着呢！我当然梦想全国的真正统一，当然梦想全国精诚一致的应付那逼人而来的绝大国际危机，当然梦想中国的学术界在这一年中有惊人的进步……但火车震动的太厉害了，太长的好梦容易惊破，所以我只能把这两个小希望写出来。"

半个多世纪过去了，这些都已不是梦想，"税"成为2018年中国年度汉字，从个税改革拉动消费、增值税改革激活经济，到提高出口退税促进出口，"减税降费"已覆盖消费、投资、出口，成为新时代的关键词。群众所盼正是改革所向，宏观调控解决的不仅仅是民食问题，习近平总书记指出，"人民对美好生活的向往，就是我们的奋斗目标"，"以人民为中心的发展思想"是由我们党的性质宗旨所决定的，体现了党以人为本、执政为民、造福人民的执政理念和价值追求。胡适先生也不用再担心火车震动惊醒梦想，中国已成为世界上高铁系统技术最全、集成能力最强、运营里程最长、运行速度最高、在建规模最大的国家。今日之中国正如胡适所愿，实现了他当年的梦想。

"人生包含两部分：一部分是过去，是一场梦；一部分是未来，是一个希望。"年轻时憧憬未来，满怀希望，对未知充满好奇，年长时会不自觉地陷入沉思，回忆过去，这是正常的心理反应。"童心说"是明代文学家李贽的核心思想，"夫童心者，绝假纯真，最初一念之本心也"。通俗地说"童心"就是"赤子之心"，未受社会污染，基于自然的真实的人性，他用孩子的童心来形容我们最纯粹的理想、认知、意志和情感。小时候不只一次地被问到，长大后想做什么？当一名科学家，科学家能创造发明；当一名解放军，解放军能保家卫国……这是最单纯的梦想。2013 年 5 月 21 日，习近平总书记到四川芦山地震灾区考察，看望慰问受灾群众，在龙门乡隆兴中心校，一个男孩儿说，"我想当科学家，建造会飞的房子，这样就可以免受灾难危害。"总书记回答："青少年要敢于有梦。从西游记到凡尔纳科幻小说，飞船、潜艇今天不都有了吗？有梦想，还要脚踏实地，好好读书，才能梦想成真。"

梦想随年龄、知识、环境而变。长大后，希望考进重点大学，毕业后找份体面的工作，有丰厚的薪水……这是最实际的梦想；工作后想多挣钱，买套房，买辆车……虽然听起来没有那么高大上，但这是接地气的梦想。再后来，几乎无人会问你的梦想，而我们也不愿再提及。传统观念里，过而立之年、不惑之年基本定型，生活重心更多围绕的是家庭，实现个人价值就显得不那么重要了，是因为面对生活压力手足无措，还是想想现实与当初的那些希望毫无联系，人们就会找到合适的借口暂停实现梦想的脚步。不知从何时起，当年的梦想成了今天的野心，既然实现不了野心便心安理得地享受悠闲生活，我们即使把对未来希望的弱化归结于年龄的增长、生活的压力，但在校园里的大学生正经历着最美好的青春年华。

朋友圈里流行一句话，"现在所有的努力都是为了实现当年吹过的牛"。话虽励志，可现实中，确有不少大学生背道而驰，大学成了高考后的狂欢，逃课还自诩为"追求放荡不羁的自由"，挂科却狡辩"英雄不问出处"，沉迷网络、玩物丧志却标榜"多元发展"，面对就业与创业的压力，只一味指责社会不公，等等。青年学生不忘初心，实现梦想，就是要经常问问自己，"学习是为了什么""我要成为什么样的人""怎样成为这样的人"。学生时光，青春如酒，成长正酣，成长的岁月里，我们与书为伴，在书中感知世界的奇妙，步入社会后，要靠实践理解世界，在纷繁复杂的环境中，很多时候只顾低头穿行在车水马龙之间，却忽视了自己脚下的路。人的一生不断地进行抉择，如何进行定位，如何选择适合自己的人生之路，不仅需要勇气支撑，更需要梦想领航。

榜样的力量是无尽的，我们来看三位青年人的偶像。乔布斯，一个技术天才，完美结合了科技与艺术，他曾说过，"你想用卖糖水来度过余生，还是想要一个机会来改变世界"？凭敏锐的触觉和过人的魄力，乔布斯让"苹果"风靡全球。Facebook的创始人扎克伯格尽管被无数光环笼罩，但依然用自己的方式低调生活，在很多人看来，扎克伯格不只是开创了一个风靡全球、改变人们社交习惯的网站，他身上满满的正能量和对梦想的执着更令人钦佩，正如他坚信的那样"人生因梦想而伟大，人生因梦想而精彩"。榜样的经历传递一个共同的信息，一个人不仅要有梦想，更要有为梦想奋斗的精神。

鲁迅先生说："世上本没有路，走的人多了，也就成了路。"学生在求知的道路上边走前人的路，边探索新的路，在科技创新、知识强国的道路上正是因为有一代代人前赴后继，才走出了一条有中国特色的社会主义道路。我认为这句话其中还蕴含更深的道理，如果走的人少了，就不能形成路，当你走过后，再没有人走，刚走出的路也会长满荒草。新中国成立时百废待兴，面对资源匮乏、技术封锁等困境，所有发展都靠自己摸索与实践，在这过程中，走过错路，绕过弯路，但前辈们没有胆怯退步，而是昂首前行，走的人越来越多，路则越来越宽，离梦想才越来越近。半个多世纪后，一个满目疮痍的国家成为世界第二大经济体。

1932年10月16日，胡愈之接手主编《东方杂志》，11月1日，这部创刊近三十年、久负盛名的杂志向全国各界知名人物发出四百多封征稿信，由此引发了一场前所未有、规模空前的讨论——新年的梦想。经过近一个月的来信整理，以83页的篇幅刊出142人的244个梦想，冰心做的是"世界大同梦"，施蛰存做的是"强盛中国梦"，楼适夷做的是

"中国公民梦",但也有的梦想充满黯淡与失望,如巴金先生说:"在现在的这种环境中,……只能够使我做噩梦……那一切所谓中国的古旧文化遮住了我的眼睛,使我看不见中国的未来。"老舍先生写道:"我对中国将来的希望不大,在梦里也不常见着玫瑰色的国家。"八十年前知识分子的梦想多少有点乌托邦或田园牧歌,甚至对国家的前途堪忧,但那些都源于社会大背景的黑暗。

中国知识分子引领了现代化进程中的思想革新,国家发展的每一步,都伴随着科学理念、法治精神、民主意识、人文素养的进步与拓展。今天,从西安交通大学"西迁人"的爱与坚守,到赓续传承的"两弹一星"精神、载人航天精神,再到以爱国主义为核心的民族精神和以改革创新为核心的时代精神……无数知识分子将小我融入大我,以智慧推动历史前行。黄大年、李保国、南仁东、黄旭华等义无反顾以身许党许国,他们的梦想就是为人民而奋进。

2012年年度汉字就是"梦","中国梦"在国民心中有着深厚的民意基础,飞天梦、航母梦逐一兑现。"中国梦"是由若干个小梦想构筑而成,实现中华民族伟大复兴的"中国梦"是国人共同创造的,在实现梦想的道路上,每个人都在走自己的路,这条路上充满未知,充满机遇,充满挑战,认清方向,脚踏实地,才能越走越远。有信念、有梦想、有奋斗、有奉献的人生,才是有意义的人生,当代青年建功立业的舞台空前广阔、梦想成真的前景空前光明,努力在实现中国梦的伟大实践中创造自己的精彩人生。

一滴水,只有融入大海才不会干涸;一个人,只有融入团队才更有成就,在实现梦想的道路上,更需要结伴而行。"一个人干不过一个团队,一个团队干不过一个系统,一个系统干不过趋势。团队 + 系统 + 趋势 = 成功。一个人走得很快,但一群人走得更远!"若想成功,要么组建一个团队，要么加入一个团队，在瞬息万变的世界里，单打独斗不如抱团取暖，选择志同道合的伙伴共同发展，才有能力跟上趋势与时代，用梦想去组建一个团队，用团队去实现一个梦想。

在党的十九大报告的最后，习近平总书记用 205 个字寄语青年，中华民族伟大复兴的中国梦终将在一代代青年的接力奋斗中变为现实。现在的大学生都是 20 岁左右，2020 年全面建成小康社会时，很多人还不到 30 岁；到 21 世纪中叶基本实现现代化时，很多人还不到 60 岁，青年朋友的人生黄金时期与"两个一百年"奋斗目标的实现完全吻合，是这一历史进程的见证者，是继往开来的强国一代。

习近平总书记说，青年最富有朝气、最富有梦想。青年兴则国家兴，青年强则国家强。中国梦是我们的，更是你们青年一代的，"只要坚持，梦想总是可以实现的"。

蜂

（唐）罗隐

不论平地与山尖，无限风光尽被占。

采得百花成蜜后，为谁辛苦为谁甜？

习近平总书记说："雷锋精神是永恒的，是社会主义核心价值观的生动体现。"1963 年 3 月 5 日，毛主席为因公牺牲的战士雷锋的题词"向雷锋同志学习"在《人民日报》发表，全国开展了学习雷锋的活动，因此每年 3 月 5 日为学雷锋纪念日。

雷锋是时代的楷模，雷锋精神是永恒的。雷锋是我们民族的脊梁，让雷锋精神落地生根，把雷锋精神广播在祖国大地上……党的十八大以来，习近平总书记就学习弘扬雷锋精神多次作出重要指示，强调"要从娃娃抓起，让雷锋精神在全社会蔚然成风，世世代代弘扬下去"。

我是从小唱着"学习雷锋好榜样"成长起来的，雷锋其人其事早已深入人心，传遍神州大地。他是一名忠诚的共产主义战士，是无私奉献的典型，是中国优秀青年的代表，更是广大群众学习的榜样。

雷锋之所以被大家追捧，是因为他把有限的生命投入到无限的为人民服务中去。习近平总书记多次批示全党向优秀先进典型学习。从司法的"燃灯者"邹碧华，到太行山的新愚公李保国，从扑下身子苦干实干的廖俊波，到秉持科技报国理想的黄大年，他们的身上体现的是为党和人民的事业无私奉献的伟大情怀和崇高精神。正如习近平总书记所说，"我们共产党人讲奉献，就要有一颗为党为人民矢志奋斗的心"。

奉献是一种初心。习近平总书记对王继才同志先进事迹作出重要指示，强调要大力倡导爱国奉献精神，使之成为新时代奋斗者的价值追求。"时代楷模"王继才和妻子王仕花二人克服常人难以想象的困难，守卫孤岛 32 年，把青春年华全部献给了祖国的海防事业，在执勤期间突发疾病，离开了人世，他将爱国奉献的赤子情怀永远留在了开山岛。王继才用实际行动践行了"不忘初心、牢记使命"的坚定信念，诠释了一名共产党员的责任与使命，书写了对党和人民的庄严承诺。

奉献是一种忠诚。习近平总书记给国家测绘地理信息局第一大地测量队 6 位老队员、老党员回信时，勉励广大共产党员在党爱党、在党为党，忠诚一辈子，奉献一辈子。王辅成，天津师范大学退休副局级干部，年逾古稀的老人每天奔走于学校、机关、企业、社区，致力于社会主义核心价值观宣讲，24 年里超过千场，听众多达 40 余万人，他坚持原则、有诺必践，他的讲座发人深省、催人奋进，他把不得不收的讲课费、劳模补贴、各种奖励和自己每月的大部分零花钱，全部用于扶危济困、助弱帮残、希望工程、慈善事业，十多年来，向社会捐助 40 多万元。他给自己提出这样的标准：在共产党人的辞典里，奉献就意味着人民高于一切，而唯有无私奉献，才是共产党人崇高、永恒的追求。

奉献是一种付出。习近平总书记在庆祝中国共产党成立 95 周年大会上的讲话中讲道：我们要"永远保持对人民的赤子之心"。退伍军人史业宽是一名共产党员，汶川地震，时年52岁的他参与救援，身上带着退伍时部队发的安置费和自己一辈子的积蓄。从2008年到2011年，一直都在灾区默默付出，他从废墟中救出60余人，免费为2000多人看病治疗，把所有的钱都花在救助工作中。2017年2月25日，他在成都离世，按照生前遗愿，捐献了双眼角膜，遗体捐给成都大学医学院，这次他捐出了自己。平凡的小人物，用一生诠释了奉献的真谛。在史业宽的遗物里，"抗震救灾志愿者""共产党员服务队"的红袖标、黄丝带、抗震救灾纪念证书及奖章等格外醒目，这些物品代表着他和众多志愿者为灾区人民奉献的一片爱心，诉说着共产党员的赤子之心。

奉献是一种态度。习近平总书记要求广大思政课教师"要给学生心灵埋下真善美的种子，引导学生扣好人生第一粒扣子"。南京航空航天大学徐川就是高校思政工作者的代表，他几乎把所有的业余时间都用在理论学习、解答学生困惑上。他许下承诺，无论多忙，每一个提问的同学都能在48小时内得到答复，徐川的微信公众号每天都能收到学生的提问，少则数十个、多则上百个，回复到夜里一两点钟是常事。他讲的党课深受学生喜爱，正是因为爱岗敬业的态度才有了今天的"川流不息"。敬事而信，敬业乐群。一个把事业看得比生命还重的人，定会收获更有价值的人生，必将作出非比寻常的贡献。思政工作者的敬业奉献要有"采得百花成蜜后，为谁辛苦为谁甜"的境界，"春蚕到死丝方尽，蜡炬成灰泪始干"的精神，"落红不是无情物，化作春泥更护花"的情怀，"僵卧孤村不自哀，尚思为国戍轮台"的气概。

奉献是一种理念。在回复给郭明义爱心团队的信中，习近平总书记深情地表示"雷锋精神，人人可学；奉献爱心，处处可为"。话语简短而朴实，告诉我们从生活点滴入手，学雷锋才能落到实处。一个人做点好事并不难，难的是一辈子做好事，甘肃阳光公益志愿服务总队总干事张森是我的大学同学，上学时我们积极参与公益事业，义务支教、社会实践、扶危助困，而他更无时无刻不想着为社会多作贡献，他无偿献血70次，献血量达14000毫升，2002年筹建"中国西部首个大学生干细胞库"，2013年发起创建甘肃阳光公益志愿服务总队，2015年张森和母亲、妻子3人一同签署了"无偿捐献遗体（器官）志愿协议"，这在全国尚属首例，他以感人的事迹荣获第20届"中国青年五四奖章"。他常说的一句话就是"生命不息，公益不止"，朴实的话语体现了张森的精神理念。

奉献是一种接力。习近平总书记在回复保定学院西部支教毕业生的信中提道"服务人民、奉献祖国，是当代中国青年的正确方向"。奉献精神是在全民中最提倡的精神之一，也是大学生将学有所得转化为服务社会的具体体现。从2002年起，天津师范大学一批又一批研究生在距天津千里之外的甘肃定西，开始了"用青春耕耘，用奉献圆梦"的支教接力行动，他们的奉献精神感动了当地群众，也感动了一届届师大人，"用一年的时间，做一件终生难忘的事情"。这是研究生支教团最常说的一句话，如今，支教范围扩大到新疆和田、哈密，重庆开州，河北雄安新区，从支教团拍摄的每一张图片都能看到孩子们对知识的渴望，从每一篇日记里都能体会到大山里的教师在如何奉献，让"甘于奉献、勇于担当、志愿服务、薪火相传"的支教精神照亮未来的方向，心中有阳光，脚下有力量，支教团用爱的延续来诠释"奉献"的意义。

奉献是一种传承。习近平总书记在天津朝阳里社区为社区志愿者们点赞，称赞他们是为社会作出贡献的前行者、引领者。30年前，朝阳里社区党组织为帮助13户困难家庭渡过难关，创新成立"义务包户服务小组"，开启社区志愿服务之路，2009年被民政部确认为全国社区志愿者组织发祥地。今天社区通过一个又一个的志愿服务项目为居民提供暖心服务，涌现出了一代又一代的志愿者，他们用自己的行动践行着"奉献、友爱、互助、进步"的志愿服务精神。

雷锋精神的精髓是"全心全意为人民服务"，本质是助人为乐，而就是这样一位平凡而伟大的战士却遭到了历史虚无主义的攻击。近年来网络上经常传出一些否定历史、抹黑英雄的话语，关于雷锋"造假"的言论成为某些媒体鼓吹的噱头，而邱少云、董存瑞、黄继光、刘胡兰等家喻户晓的英雄无一幸免，成为戏谑调侃、诽谤造谣的对象，而这些荒谬论调给一些群众造成了认识误区。个别公众人物也在不同场合诋毁、质疑雷锋，其本质是要从根本上否定马克思主义指导地位和中国走向社会主义的历史必然性，否定社会主义核心价值观，我们要守住精神高地，警惕历史虚无主义的蔓延与演变，言论自由不是口无遮拦，原则性问题没有商量余地，青年学生更要去抵制这种不良现象。

"盖以慈爱心，惟期已成达。"在雷锋精神的感召下，半个多世纪以来，涌现出了一大批学雷锋的先进典型、道德模范、感动中国人物。雷锋精神过去需要、现在需要，将来仍然需要，我们应该懂得，学习雷锋只有不脱离时代，才能不脱离实际。"积小善为大善，善莫大焉。"身为新青年，要把个人的成长进步与祖国的发展紧紧地联系起来，全身心地投入到祖国改革创新攻坚的大潮中，脚踏实地强本领，勇立潮头有担当。

前赤壁赋（节选）

（北宋）苏轼

惟江上之清风，与山间之明月，耳得之而为声，目遇之而成色，取之无禁，用之不竭，是造物者之无尽藏也，而吾与子之所共适。

"绿水青山就是金山银山"。"建设生态文明，关系人民福祉，关乎民族未来"。"山水林田湖草是生命共同体"。我们从习近平总书记的这些金句里就能看出保护生态环境的重要性。

今天是植树节，也是近代伟大的民主革命先行者孙中山先生逝世纪念日，两者之间有着非常密切的关系，孙中山生前十分重视林业建设，在他任中华民国临时大总统时，就设立了农林部山林司，主管全国林业行政事务。1914 年 11 月颁布了我国近代史上第一部《森林法》，1915年 7 月，又规定将每年的"清明节"定为植树节。新中国成立后，1979年 2 月 23 日，在第五届全国人大常委会第六次会议上，根据国务院提议，决定每年 3 月 12 日为全国的植树节，将孙中山先生与世长辞之日定为我国植树节，也是纪念他的丰功伟绩。

全世界至今已有 50 多个国家设立了植树节，我国的植树节由近代著名林学家凌道扬与韩安等提议设立，是以法律规定宣传保护树木，并动员民众参加植树造林活动的节日，通过植树提高民众对树木功用的认识与保护的意识，世界多国都把植树这样一个体力劳动的项目以立法形式呈现出来，说明对绿化及改善生态环境的重视。

自 1979 年新中国设立第一个植树节以来，每年植树节前后，党和国家领导人都会集体参加首都义务植树活动，这已经成为惯例。绿色生态是最宝贵的资源，也是一个地区的核心竞争力。保护好青山绿水，让人民享有更多的生态福祉，是我们肩负的神圣使命和责任。党的十八大以来，习近平总书记在多种场合近百次谈到了生态文明建设的意义、目的、任务、原则、重点等，由此可见对生态环境可持续发展的重视，"像保护眼睛一样保护生态环境，像对待生命一样对待生态环境"。总书记用"眼睛"和"生命"比喻，强调推动形成绿色发展方式和生活方式，再次表明推进生态文明建设在国家战略中的重要性。

由于大量砍伐森林，生态平衡遭到破坏，水土流失、土地荒漠化、森林和草地资源减少、物种灭绝等导致生态系统的结构和功能严重失调，从而威胁到人类的生存和发展。自 1946 年以来，联合国粮农组织（FAO）每五到十年对世界森林进行一次监测，全球森林资源评估（FRA）是迄今开展的最全面的森林调查，报告现在每五年发布一次，向全人类描述世界森林的现状及变化。

《2015 年全球森林资源评估》对 234 个国家和地区进行评估，我从密密麻麻的数据中找到一些支撑。1990 年，全球森林面积约 41.28 亿公顷，占全球土地面积的 31.6%，而到 2015 年则变为 30.6%，约 39.99 亿公顷，25 年里全球丧失森林 1.29 亿公顷，几乎与南非的面积相当。

虽然森林减少速度有所放缓，但天然林减少的情况依然严重，受地域、气候、经济等多方面因素影响，非洲和南美洲森林的年损失率最高，分别为280万公顷和200万公顷。

也许会有人说"外国的事和我们有啥关系"？如果持这种观点，目光就太短浅了，生态保护不是哪一国自己的事，而是全世界共同面临的问题，全球变暖会使全球降水量重新分配、冰川和冻土消融、海平面上升等，不仅危害自然生态系统的平衡，还威胁人类的生存，森林能够应对气候变化，吸收作为主要温室气体的二氧化碳，对减少碳排放有着积极作用。相比之下，近几年我国的森林面积有了显著的变化，年均增加154.2万公顷，年增长率0.8%，是世界上净增森林面积最多的国家，可我国国土面积大，南北自然环境差别明显，经济发展与生态保护如何良好地同步进行等问题仍是我们面临的难题。

植树造林在960多万平方公里的土地上并不是件容易的事情，尤其在西北部，通过绿化治理沙漠的难度不可想象，我们从其中一个例子感受下。新疆是世界上离海洋最远的土地，50年前"夜夜黄沙掩门扉"，位于准噶尔盆地中央的古尔班通古特沙漠边缘，驻扎农八师150团，在建场初期，为了种活10棵小白杨，一个班的战士喝了一个星期含有芒硝的苦水，把从百里以外拉来的食用水浇灌树苗，战士们喝苦水尿了血，10棵小白杨才扎了根，如今一个个"军垦城镇"星罗棋布，如同戈壁滩上绿色的珍珠，大漠边缘的每一点绿、每一棵树都凝聚着农垦人的心血。

库布其沙漠的治沙人，他们在恶劣环境里植树，经过25年的努力，从一寸、一米、一亩，形成了今天5135平方公里的沙漠绿洲。2017年7月，美国《时代》周刊曾在视频网站上发布过一则介绍中国治理库布其沙漠做法的视频，当时就有外国网友在评论中纷纷表示"世界需要向中国学习"。以甘肃省古浪县"六老汉"为代表的八步沙林场三代职工用38年的时间完成治沙造林21.7万亩，管护封沙育林草面积37.6万亩，为构筑西部生态安全屏障作出了积极贡献，创造荒漠变林海的人间奇迹。正是他们敢为人先的精神，才生动书写了从"沙逼人退""沙进人退"到"绿进沙退""人沙和谐"的绿色篇章。

近几年旅游市场火爆，在线路选择上，更多人都喜欢气候温暖，环境舒适的南方，我们从卫星拍摄的地图就能找到原因。南方被绿色包围，西北部则是黄色，再加上沙尘、雾霾等因素，越来越多的人到南方"洗肺"，这也要归功绿色植被，树木对生态的改善起着至关重要的作用。当然了，这种原因是多种因素造成的，中国属于东亚季风气候，受季风影响，降水量从东南沿海向西北内陆逐步递减，南方不仅雨水充足，且气候适合树木成长，而华北、西北降水较少，蓄水抗旱能力差，所以面临严重的干旱，这就是前面提到治沙人面临的困境了。

除去自然环境，也有人为因素，盲目毁林开垦和进行陡坡地、沙化地耕种，过度放牧，也加速了森林和草原的消失。1999年，我国开始了退耕还林工程，这是迄今为止我国政策性最强、投资量最大、涉及面最广、群众参与程度最高的一项生态建设工程，仅中央投入的工程资金就超过4300多亿元，也是迄今为止世界上最大的生态建设工程。造林种草，防风固沙、净化空气、涵养水源、调节气候，越是条件艰苦的地方越要坚决执行这项政策，将沙化、盐碱化、石漠化严重的耕地以及粮食产量低而不稳的耕地恢复植被，对生态建设以及国民经济和社会发展都有着积极的作用。

种树和经济有什么必然联系呢？我认为要从两个方面来看，一方面，树是生态环境中的核心部分，维系着人类的生存，关联着经济的发展，不仅可以提供大量木材用于建设，还有蔬果可以果腹，而树本身也可以买卖，我们在电脑游戏里有体会，比如《帝国时代》，经济发展首先就要派人砍伐树木，这是壮大的基础；另一面就是改善环境，人是创造经济的主体，生态环境好了，自然能吸引更多的人聚集，提高生产力，以电脑游戏《模拟城市》为例，在居民区附近绿化、修建公园，能提升居民心情愉悦程度，经济收入就会提高，有钱了就能盖更好的房子，完善基础设施，形成良性循环。游戏里的场景是真实生活在虚拟空间的反映，良好的生态环境是最公平的公共产品，是最普惠的民生福祉，青山绿水本身就是财富，所以要想富、先种树是很有道理的。

最后再谈谈植树节植树。每到这一天，各地都会开展形式多样的植树活动，彩旗招展，全民动员，热情高涨，但必备的知识和技术很匮乏，实际效果不尽如人意。植树不是简单地刨个坑往里一栽就行，树苗的选择、坑的深浅、土的松软、水浇多少、之间距离等，这些都是要考虑的。我说的虽不是普遍现象，但个别地方确实把植树当成一项任务完成，流于形式。植树节植树虽是一项活动，但不能为了活动而植树，更不能为了作秀而植树，植树的最终目的是优化人居环境，如若不然，就是劳民伤财。设立节日的意义并不是必须扛着铁锹去植树，而是提高生态环境保护的意识。

2019 年 2 月 12 日，美国航天局（NASA）公布了一张照片，全世界网友突然集体感谢中国，是因为他们的卫星观测到，过去 20 年中，世界变得越来越绿色了，其中，仅中国一个国家的植被增加量，就占过去 17 年里全球植被总增加量的至少 25%，地球变绿色的成就离不开中国用实际行动践行的"绿水青山就是金山银山"。2019 年植树节，习近平总书记在通州植树的时候指出，植树节设立 40 周年来，我国的森林面积、森林蓄积分别增长一倍左右，人工林面积居全球第一，我国对全球植被增量的贡献比例居世界首位，一系列成就展现了中国的大国担当。

前人栽树，后人乘凉。功在当代，利在千秋。长达 6000 余字的新华社通讯《为了中华民族永续发展——习近平总书记关心生态文明建设纪实》记录了习近平总书记与生态文明建设的故事，"生态兴则文明兴，生态衰则文明衰。走生态文明之路，既是当今世界发展的主流和趋势，也是人民群众的共同愿望和追求"。

植树节里从植树谈生态环境保护，是为了号召大家齐心协力，共建天蓝、水清、地绿的"美丽中国"。

天可度

（唐）白居易

天可度，地可量，唯有人心不可防。

但见丹诚赤如血，谁知伪言巧似簧。

劝君掩鼻君莫淹，使君夫妇为参商。

劝君掇蜂君莫掇，使君父子成豺狼。

海底鱼兮天上鸟，高可射兮深可钓。

唯有人心相对时，咫尺之间不能料。

君不见李义府之辈笑欣欣，笑中有刀潜杀人。

阴阳神变皆可测，不测人间笑是瞋。

因为昧了良心，所以才会坑人，因为被侵权，所以要维权，说到底，还是人心的问题。以前我一直以为"3·15"是中国独有的，查阅资料才知道，消费者权益日是国际性节日，从 1983 年开始设立，旨在保护消费者的合法权益。不法商家、伪劣商品全世界都有，打假维权是所有人的权利，普遍性问题就是国际性问题，所以，"3·15"是全世界的节日。

在工业革命以前，世界经济形态属于传统的农业社会经济，商品种类、数量、质量都很有限，生产和交换也不发达。18世纪末，工业革命的浪潮席卷全球，生产高度发展，技术日益精进，产销过程复杂化，交易风险增多。最早提出保护消费者的，是1756年英国王室法庭首席法官曼斯菲德，他针对当时法律所奉行的"小心选购，出门不换"主义，提出了"买受人付给完整价金，应获得完美商品"的意见。19世纪中下叶，英国《货物买卖法》规定"购买质量低劣和不适于预定用途商品的消费者拥有索赔权"，并对欺骗消费者的行为给予严厉处罚，为维护消费者权益迈出了关键一步，从而改变了"买者注意、当心，卖者不负责"的传统做法和观念，而"卖者不负责"更像是今天"出门后一概不管"的霸王条款。1962年3月15日美国总统肯尼迪在国会发表了《关于保护消费者利益的总统特别咨文》，首次提出消费者的"四项权利"，即有权获得安全保障、有权获得正确资料、有权自由决定选择、有权提出消费意见，世界各国消费者组织逐渐达成共识，将这四条作为最基本的工作目标。

1983年5月，河北省新乐县成立了消费者协会，这是我国成立的第一个消费者组织。1984年8月，广东省广州市成立了消费者委员会，这是我国第一个城市消费者组织。中国消费者协会于1984年12月经国务院批准成立，是对商品和服务进行社会监督的保护消费者合法权益的全国性社会团体，成为中国第一个保护消费者权益的协会，于1987年9月被国际消费者联盟组织接受为正式成员。

大学生最常见的两种被侵权现象，一是网络购物，二是兼职打工。网购纠纷较为普遍，在大学生群体更为集中，因为大学生的网购能力是惊人的，投机分子也盯上了这块蛋糕，天花乱坠的虚假宣传，商品以次充好，买卖双方矛盾加重。相对于实体店购物，网络购物只能通过图片与文字了解商品，买家的评论成为唯一参考，也因此诞生了"刷单"这个新职业，很多用户吐槽受骗，原因就是不管销量、评价还是图片，看上去觉得非常不错的产品，可拿到手却大相径庭。买家秀和卖家秀成了人们调侃的段子，原来那些好评与几千的月销售量都是商家为了提升排名和店铺信誉进行的刷单，这让很多关注销量和好评率的消费者上当受骗。消费者普遍囿于消费信息不对称、缺乏自我保护意识和能力，知情权、公平交易权面临挑战等，在虚拟购物环境中，诚信的约束力显得微不足道。

你上过当吗？我上过，而且不只一次，但没有一次维权，为什么？不值当、耗不起、太麻烦都是原因，最令我头痛的是商品退换货问题，等了好几天收到货，发现不合适，开始和卖家协商、扯皮，退货再补发，如果不合适再协商，真没闲工夫，能凑合就凑合了。其次是运费，为了十几块钱来来回回折腾，如果是个大件寄回去也行，若是小物件，来回的运费和沟通的电话费都比物品贵，算了，凑合用吧。一寄一收耽误的是时间，影响的是心情，等快递的焦急，收信息的兴奋，拆包装的激动，打开后的悲催，维权时的愤怒，这一整套下来，当时买东西那点情绪早没了。

很多人都在骂声中习惯性地给个 5 星好评，大家不禁要问，为何连给差评这种唯一维权的方式都放弃？主要是没有勇气，差评对网店来说是致命的，所以商家一定会通过一切联系方式不厌其烦、不分时间、不分场合地找你，并想方设法让你更改，先礼后兵，软硬兼施，倔强的买家继而通过网上社交平台，揭露和抨击商家行为来维护权益，等来的是更"狗血"的报复方式。近年来，买卖双方互撕的事经常见于媒体，这种现象暴露出另一个问题，个人信息安全保护也亟待加强。

维权是双方的，买家要维权，卖家也要维权，不排除个别买家打着"维权"的旗号胡搅蛮缠，以差评来威胁卖方，甚至故意将商品弄坏，借此讹诈。新闻报道，北京有家超市抓到一位恶意打假人，此人用蘸有特殊药水的棉布将商品的生产日期擦去，又通过针扎孔往面包里塞头发，以此向超市索赔，在各家超市多次进行类似的"维权"，屡试不爽，这种敲诈勒索已经触犯了法律。2019 年五一假期前，一名消费者在网店购买了 18 件衣服，总价 4600 多元，但假期后，这名消费者突然要求退货，理由是不喜欢或不合身。但卖家在沟通过程中，却发现这名消费者曾穿着部分要求退货的衣服，在外地旅游途中拍照并晒图，卖家经过维权，当事人通过微博公开致歉，并购买了其中穿过的 9 件，网络消费，莫让"七天无理由退款"引诱"占便宜"的心态。

近几年，出现了一个新兴行业，一些所谓的"维权人士"为了谋取利益，刻意购买一些商品，寻找法律法规漏洞，牵强附会，向商家讨要说法，一旦价钱谈不妥就告上法庭，但并不希望法院开庭，而是通过传票给商家施压，希望商家能够主动庭外和解，得到赔偿后再主动撤诉，拿到高于商品价格数倍的赔偿金后就再也不关心涉案产品是否还在货架销售了。这种"假维权"严重干扰供需市场，催生大量恶意诉讼现象，维权成了撒泼的借口，敲诈的托词，背后则折射出法律保障与现实消费脱节的问题。

再说说兼职。在校大学生校外兼职这一现象早已蔚然成风，兼职成了学生接触社会、锻炼自我、补贴生活的重要渠道。我国现有 2400 多万大学生，据调查显示有 66.26% 的同学都有兼职的计划，但随着大学生兼职人数日益增多，一些"黑中介""黑单位"悄然出现，大学生兼职被侵权的案例更是数不胜数。

求职开始就会遇到各种霸王条款，比如一个发传单的活却要收取不菲的中介费，简单的技能培训却要收取高额培训费，工资还没发却要收取押金，等等。工作期间权利受到侵害的现象也比较普遍，拖欠、克扣工资，无故被辞退，延长工作时间，没有节假日，有的还被辱骂甚至遭到性骚扰，不法分子抓住大学生社会经验不足、不熟悉维权相关法律法规，肆无忌惮地压榨劳动力。

自媒体时代，个人信息外泄是很大的风险，大部分兼职学生法律和维权意识淡薄，为其成功维权带来很大难度。虽然觉得有必要签订劳动协议，但往往会因缺乏警惕导致这种协议不了了之。兼职不可盲目，维权在后，但预防在前，兼职前做好充足的功课，多了解一些关于劳动者权益保护方面的法律，签订劳动合同是预防侵权事件发生的关键，口说无凭，立字为据，把劳动合同期限、工作内容、劳动保护和劳动条件、劳动报酬、劳动纪律、劳动合同终止的条件等都写到合同里，一旦日后出现被侵权，这些都是有力的证据。

面对侵权，要不要维权？据调查，在被侵权的人中，有近3成大学生选择放弃维权，放弃维权并不是不想维权，而是观念出了问题。老话说多一事不如少一事、吃亏是福、息事宁人，维权被贴上事多难缠的标签，维权就意味着争吵甚至打官司，程序麻烦，不想投入精力，对效果也不抱希望。的确，在耗费时间精力后，维权不一定能得到满意的结果，但如果不去追究，任由不法分子逍遥，更多的人会受到损失。维权是指维护个人或群体的合法权益，既然我们的合法权益受到了侵害，就应该拿起法律的武器，这不仅关系到消费者自身权益，更应当成为一种习惯和责任，当每位消费者积极维护权益时，良好有序的消费环境才会形成。

每年央视的"3·15"晚会已经成了假冒伪劣产品的曝光台和粗制

滥造企业的断头台，公开打假是社会的进步，斩断利益集团的传送带是法治社会的表现，所做的一切都是要唤醒消费者的维权意识，维权不仅仅是索赔，更重要的是尊严。

睡眠日谈健康

春　晓

（唐）孟浩然

春眠不觉晓，处处闻啼鸟。

夜来风雨声，花落知多少。

　　写了这么多期节日随笔，除了谈价值观、谈传统文化，也得谈谈生活，很多人都不知道世界睡眠日，作为一个睡眠质量不高的人，和大家一起唠唠嗑。

　　如今人们的健康意识提高，拥有健康才能拥有一切的理念深入人心，因此有关睡眠的问题引起了国际社会的关注。2001 年，国际精神卫生和神经科学基金会主办的全球睡眠和健康计划发起了一项全球性的活动，将每年的 3 月 21 日定为世界睡眠日，此项活动的主旨就是引起人们对睡眠重要性和睡眠质量的关注。2003 年，世界睡眠日正式被引入中国。

　　相声大师苏文茂有一段经典的作品《扔靴子》，讲的是一位老人身体不好，喜欢清静，自己住一楼，把二楼的房间租出去，房钱多少无所谓，但动静不能大，别影响休息。一小伙租下来，他喜欢穿靴子，晚上 12 点钟回到家，"噔噔噔"地上楼，然后"咣咣"将两只靴子习惯性地扔在地板上，老人被吓醒后再也无法入睡。老人实在受不了，跟小伙子说，"不能再扔靴子了，否则不租"，小伙很是惭愧，满口答应。当天晚上，老人怕提的意见没效果，就一直等到十二点，小伙子依旧动静很大，"咣"扔下一只靴子后突然想起老人的提醒，就轻轻放下第二只。次日天未亮，老人气呼呼跑上楼，"每天你扔两只还好，扔完了我可以睡觉。昨天你扔了一只，我净等那只了，我一宿没睡"。

睡眠问题之所以被全世界关注，因为充足的睡眠、均衡的饮食和适当的运动，是国际社会公认的三项健康标准，人一生中有三分之一的时间是在睡眠中度过，睡眠对于人缓解疲劳，恢复体力，放松精神，调节状态起着至关重要的作用。医学研究表明，偶尔失眠会造成转天疲倦和动作不协调，长期失眠则会带来注意力不能集中、记忆出现障碍和工作力不从心等后果，严重的还会引起焦虑、抑郁等精神类疾病，不夸张地说，睡眠不好是百病之源。

"敷着最贵的面膜，熬最深的夜"是现在很多人的真实写照。据报道，如今不少年轻人明知熬夜有危害，却依旧熬夜，为自己贴上了"报复性熬夜"的标签。夜不能寐，刷刷朋友圈，一看"夜猫子"还真不少，凌晨两三点在微信上立一个 flag，"明天绝不能再熬夜"，结果依然战胜不了对手机的依赖。"报复性熬夜"是指白天过得不好或者过得不满足，便想在夜晚找到补偿，这是很自然的心理，很多人都在边抱怨失眠边愉快地上网娱乐。

晚上不睡，白天不起也是不少人的作息习惯，12 点之前睡觉的没几个，不是在玩游戏就是在聊天逗乐，大脑处于兴奋状态又怎能安静休息，我们尝试着广为人知的催眠方法"数羊"，"一只羊，两只羊，羊肉串，涮羊肉，白菜，粉丝，豆腐……"越数越兴奋，更睡不着了。个人生活习惯影响睡眠状态，都知道熬夜对身体健康不利，面对丰富多彩的夜生活却又做不到自律。青年人中流行唱"夜猫"或包夜打游戏，疯狂之后的代价就是"累成狗"，第二天上班或上课毫无精神、注意力无法集中，甚至会出现头痛的现象，哪怕是睡一天也感觉乏累，头昏脑胀。并不是晚上不睡，第二天补觉就能恢复状态，日出而作，日落而息是长久以来人类适应环境的结果，人体肾上腺皮质激素和生长激素都是在夜间睡眠时才分泌的，身体各器官也是在深夜排毒，生物钟紊乱是影响健康的罪魁祸首。

说完不睡的再说说嗜睡的，是不是睡的时间越长，身体就一定健康呢？总听到一句话"越睡越累，越歇越没劲"。十几个小时没有睡饱一觉的痛快，却感到光线刺眼的生疼，四肢像灌了铅一样沉重。睡眠过度和宿醉类似，科学家们把它称为"睡醉"，很多人不知，这种方式对身体也有害，因为打乱了大脑中控制身体日常周期的生物钟，通俗地说，你睡到中午 12 点才起床，事实上你的细胞早上 7 点就开始工作了，这么看，太能睡觉也不是一件好事。睡懒觉错失的除了早餐，还有健康，7 到 8 小时左右的睡眠时间是科学合理的，良好的作息习惯才是健康的保障。

广播里传来各种治疗失眠、抑郁等疾病的医院广告，需求决定市场，在睡觉上需要帮助的人还真是不少。睡得晚、睡不着、睡不够等一系列睡眠问题正困扰着当代人，现代睡眠危机越来越严重。过去总把失眠不当回事，总觉得自己年轻可以任性，其实健康是银行，如果不储蓄将来会透支，没有好身体又怎能全身心地投入到建设祖国的浪潮中去？

随着经济迅速发展、社会竞争加剧、生活节奏加快，睡眠成了中坚力量们的一大"心病"，工作的紧张、交往的频繁、竞争的压力、精神的负担和人际间的摩擦等，使越来越多人的睡眠受到影响。《2019 年中国睡眠指数报告》显示，"50 后"最快入睡、"60 后"最爱午休、"70 后"最爱睡前看书、"80 后"最爱失眠、"90 后"睡得最晚、"00 后"赖床最久、"05 后"和"10 后"睡得最长。我们发现"80 后"成为失眠主体，就是因为"80 后"已经成长为社会的中坚力量。背负太多责任，于是感觉生活好累，压力一部分来自于外界，但更多的是内因，要学会减压，不会休息的人就不会工作，工作不应该成为生活的全部，工作只是为了更好地生活。这种观念上的认同才是前进的驱动力，如果大家都懂得劳逸结合，就不会出现那么多青年才俊猝死的惨痛教训，活着才是实现人生价值的前提。

每年的世界睡眠日都有一个主题，2015 年是"健康心理，良好睡眠"，2016 年是"美好睡眠，放飞梦想"，2018 年是"健康睡眠，远离慢病"，2019 年是"健康睡眠，益智护脑"。从近几年的主题发现，睡眠与心理健康、生理健康有着紧密的联系。据中国睡眠研究会公布的最新睡眠调查结果显示，中国成年人失眠发生率为 38.2%，高于国外发达国家；约 2 亿人打鼾，近 3 亿人失眠，5000 万人在睡眠中发生过呼吸暂停。

常听人说"睡个美容觉"，事实上，睡眠好坏不仅关乎颜值，还影响大脑思维、人体的生长发育及免疫力高低，伴随睡眠发生的一种普遍现象就是多梦，而且是噩梦，甚至是梦魇、梦游，有时候睡醒之后感觉比干了一天活还累，这是常说的"垃圾睡眠"，就是质量不高的睡眠。造成这种原因是很多的，情绪、饮食、环境，甚至连床的舒适程度也会影响睡眠质量，很多人借助药物睡眠，一次两次还行，如果长期使用会带来更大的副作用。

　　健康不是儿戏，如何保证自己有一个好的睡眠呢？给大家几条建议。第一，睡前不玩手机，但现在的人有几个保证睡前不玩手机？第二，睡前别喝浓茶，茶叶中含有咖啡碱等物质，会刺激中枢神经，使人兴奋，不易入睡。第三，晚上少吃，吃太多难消化，会导致睡觉时加重胃的负担。第四，晚上不要做剧烈运动，晚上锻炼可能会导致激动和兴奋。第五，睡前洗个热水澡，人在睡觉前两三个小时洗个热水澡可以帮助睡眠。第六，睡前不饮酒，酒精抑制人的中枢神经，会破坏睡眠，酒精的刺激还会让人感到头痛，对健康有百害而无一利。第七，注意枕头高度，太低，容易造成落枕，也造成次日头脑发胀、眼皮浮肿；过高，会影响呼吸道畅通，易打呼噜，而且长期高枕，易导致颈部不适或驼背。第八，不宜蒙头睡觉，蒙头睡觉除了伤大脑，对呼吸系统等也有危害。

　　"健康中国"上升为国家发展战略，睡眠日里谈健康，想通过这个话题呼吁青年朋友们珍爱生命，养成良好的作息习惯，都说看无聊的文字是最好的催眠术，相信你读到这里已经昏昏欲睡了，最后用一句笑话送你入眠，"醒醒，醒醒，你该吃安眠药了"，晚安。

忆昔（节选）

（唐）杜甫

忆昔开元全盛日，小邑犹藏万家室。

稻米流脂粟米白，公私仓廪俱丰实。

九州道路无豺虎，远行不劳吉日出。

齐纨鲁缟车班班，男耕女桑不相失。

宫中圣人奏云门，天下朋友皆胶漆。

百馀年间未灾变，叔孙礼乐萧何律。

习近平总书记指出，"当前我国国家安全内涵和外延比历史上任何时候都要丰富，时空领域比历史上任何时候都要宽广，内外因素比历史上任何时候都要复杂"。

1993 年，我国制定了第一部国家安全法。随着时代变迁，世界多极化、经济全球化、威胁多样化，国家安全形势发生了翻天覆地的变化。"明者因时而变，知者随事而制"，习近平总书记适时地提出了"总体国家安全观"，全国人大常委会于 2015 年 7 月 1 日实施的新国家安全法，规定每年 4 月 15 日为全民国家安全教育日。

国家安全不仅关乎国家的兴衰，还关乎每个公民的切身利益。安全稳定是国家富强的保障，是治国安邦的支柱，是人民安居乐业的基础。只有国家强大了，人民才能更幸福地生活，所以从根本上说维护国家安全就是维护广大人民的根本利益。新形势下，维护国家安全已不只是哪个部门的职责，而是人人都要增强的意识，需要每个公民的力量。《国家安全法》第 2 条规定，国家安全是指国家政权、主权、统一和领土完整、人民福祉、经济社会可持续发展和国家其他重大利益相对处于没有危险和不受内外威胁的状态，以及保障持续安全状态的能力。

《管子·正世》写道，"利莫大于治，害莫大于乱"。国家大治，社会稳定，政通人和，生产发展，经济繁荣，这是国家最大的利，相反国家动荡，人心惶惶，经济衰败，民不聊生，这是国家最大的害。放眼世界，如今个别国家和地区笼罩在恐怖主义的阴影下，战火不断，国家满目疮痍，民众生活在水深火热中，这些都告诉我们，没有安全为基础，什么都做不了。

只有认识到位，行动才会自觉，实践才有方向。社会主义核心价值观在国家层面提出的第一个价值目标就是"富强"，这是实现中国梦的首要任务。当前，我国正处于全面建设社会主义现代化国家、全面深化改革、全面依法治国、全面从严治党的重要时期，尽管可大有作为，但风险与挑战并存。针对新趋势，要努力构建集政治安全、领土安全、军事安全、经济安全、文化安全、社会安全、科技安全、信息安全、生态安全、资源安全、核安全等于一体的国家安全体系，只有安全作为保障，才可能实现"两个一百年"的奋斗目标。

《管子·形势解》说，"主之所以为功者，富强也。故国富兵强，则诸侯服其政，邻敌畏其威，虽不用宝币事诸侯，诸侯不敢犯也。主之所以为罪者，贫弱也。故国贫兵弱，战则不胜，守则不固，虽出名器重宝以事邻敌，不免于死亡之患。"管子认为，国富兵强，并不是为了进行战争，是因为国贫兵弱就会有人欺负你，有亡国的危险，而国富兵强，国家则可以免去战乱之祸患。

我国有一段屈辱的近代史，鸦片战争、中法战争、甲午中日战争、八国联军侵华战争，因国力贫弱多次遭受侵略，割地赔款，签订了一系列丧权辱国的条约。日本发动侵华战争，生死存亡的时刻，全体军民同仇敌忾，获得最终胜利，但也为此付出了巨大牺牲，战争严重迟滞了国家发展，历史的教训告诉我们落后就要挨打。近年来，在面对西方国家的无端指责下，我国的外交声音越来越硬气，这是源于国力，国家的富强是抵抗外侮的正气，是敢于亮剑的勇气，是捍卫国家权益的底气。

我们为什么如此重视国家安全？澳大利亚著名记者约翰·皮尔格走访美国、日本冲绳、韩国济州岛、中国上海、马绍尔群岛等地，历时两年拍摄的纪录片《即将到来的对华战争》一经播出就引起全球的关注，这部旨在打破沉默的影片用事实证明，美国一直叫嚣所谓的"中国威胁论"，实际上真正在亚太地区制造紧张气氛并构成威胁的是美国。在亚太再平衡政策的指导下，美国大多数海军部署在亚太地区，在中国周边形成了一个"完美的绞索"，而这才是我国面临众多安全威胁中的一个，南海主权争端、国家地缘竞争、军事力量较量、日本政治右翼抬头等，还有文化、网络、经济、意识形态、分裂势力、恐怖活动等非传统安全的威胁，国家安全不可小视。

"安而不忘危，存而不忘亡，治而不忘乱。"和平与发展是当今世界的主题，但无论时代与形势怎样变化，对于国家安全不可放松警惕。总体国家安全观就是基于我国安全面临的客观形势所提出的，一个国家的安全不仅仅是军事安全，而是涵盖了政治、经济、科技、信息等多方面的综合安全。

今天的中国已成为世界第二大经济体，在享受成果的同时要认清形势，国际环境依然错综复杂，地区冲突依然存在，意识形态的渗透从未停止，来自非军事方面的安全挑战日益增多，没有硝烟，隐藏至深的各种安全威胁此起彼伏，并逐渐成为新时期国家安全的主要威胁。比如已查处的大量案件表明，境外间谍情报机构从所在国家战略利益出发，加大对我国开展间谍情报活动的力度，敌对势力披着访学、资助、合作的外衣，渗透进高校，宣扬西方价值观，歪曲我国的社会主义核心价值，历史虚无主义以重新评价为名贬损革命英雄、诋毁历史人物，否定中国共产党的历史地位和作用，等等。

"雄关漫道真如铁""人间正道是沧桑""长风破浪会有时"，在参观《复兴之路》展览时，习近平总书记引用这三句诗概括了中华民族的昨天、今天和明天，诠释了中国梦的缘起、发展和内涵，总书记强调"实现中华民族伟大复兴的中国梦，保证人民安居乐业，国家安全是头等大事"。在美国华盛顿举行的第四届核安全峰会上，"安全"成为总书记在各种场合系列谈话中出现频率最高的关键词，中国是国际大家庭的重要一员，深知安全对于各国富强的重要，作为发展中国家，中国的大国担当将使世界更安全。

国家安全教育日就是要通过法定节日的形式将国家安全教育活动上升为国家行为，纳入国民教育体系和公务员教育培训体系当中，增强全民国家安全意识、凝聚安全共识。我国有 50 多万所学校，2.6 亿学生，做好学生的国家安全教育工作，建设平安校园，既关系每个学生和家庭的幸福，也关系整个社会和国家的和谐稳定。

　　国家富强是近代以来中华民族的共同理想，富强需要公民的力量，公民则需要安全的环境做保障。确保国家安全长治久安，不可能毕其功于一役，要持之以恒，不懈努力。

竹　石

（清）郑燮

咬定青山不放松，立根原在破岩中。

千磨万击还坚劲，任尔东西南北风。

　　中文是世界上历史最悠久的语言之一，是中华文明的重要载体，同时也是全球使用人数最多的语言。2010 年，联合国新闻部宣布启动联合国语言日，联合国设立六种官方语言日，促进了阿拉伯文、中文、英文、法文、俄文、西班牙文六种语言在联合国平等使用，新闻部将中文日定在 4 月 20 日，也就是农历二十四节气之"谷雨"，用来纪念"中华文化始祖"仓颉造字的贡献。

　　我曾有过这样一个想法，作为堂堂中国人，为啥要去学外语？在很长的一段时间里，我最不喜欢的两个小朋友就是"Li Lei"和"Han Meimei"，我相信有很多同学在初中时都迷茫过。为什么会出现这种状态，原因很简单，我们只把外语当成课程，当成应试，当成四六级，当成包袱和累赘，并没有从中体会到学习语言的快乐，没有兴趣、缺少主观动力的学习是不可能有好的结果。

一位美国汉学家说过"欧洲哪个民族开始翻译，哪个民族就开始发展"，说明翻译对于一个社会发展的重要意义。我们对西方的了解多源于文学，西方文学在中国的传播主要依靠翻译文学，百余年来，翻译文学不断发展，名家名译辈出。希腊文学翻译家罗念生，翻译法国文学的李健吾，将《托尔斯泰小说全集》12 卷翻译成中文的草婴，一生翻译了 32 部外国文学名著的傅雷，翻译了《安徒生童话故事全集》的林桦，等等，给国人打开了一扇吸收外来文化的窗户。世界上有 45 个国家把英语作为官方语言，还有 25 个国家把英语作为第二语言使用，如果从更高的站位去看，把学好语言理解为了解世界的渠道，增进中国与西方友谊的桥梁，我们学习的兴趣，肩上的使命感、自豪感就会陡增。

2018 年 9 月 26 日，第 73 届联合国大会防治结核病问题高级别会议在纽约举行，世界卫生组织结核病和艾滋病防治亲善大使彭丽媛应邀在会议开幕式上发表视频讲话，全程英文演讲让人惊叹。2015 年 9 月 26 日，彭丽媛在纽约联合国总部出席"可持续发展教育优先"高级别会议时全程用英文谈教育，阐述自己的"中国梦"。"希望所有的孩子特别是女孩都接受良好的教育"，这就是她的中国梦。她坚信，总有一天，教育第一的梦想将不会是一个梦想，将会成为全世界共享的美好现实。"第一夫人"正是以语言的魅力增进了全世界对中国梦的认知，对中国的认知。

王源，TFBOYS 组合成员，作为中国青年代表，受邀赴联合国总部出席经社理事会 2017 青年论坛。王源使用英文进行了演讲，向世界展示了联合国在中国倡导的"畅想 2030"活动取得的成果，表达中国青年为世界可持续发展和美好未来奋斗的决心。在巴塞尔钟表展，作为东方最年轻的面孔，王源再度全英文发表演讲，淡定从容地表达自己的观点。英国前首相夫人切丽·布莱尔称，"很高兴中国有这样的青年，拥有如此大的影响力，有这么多的粉丝，可以带领这么多的人致力于可持续发展的道路中"。她希望王源可以有更好的发展，有更长的路可以影响全世界的年轻人。

今天的世界，空间距离已经不再是交流的障碍，语言的重要性日益突出。无论是为世界捧出中国读本的孔子学院，还是"世界这么大，我想去看看"的个人追求，现阶段中华文化的传播，去看世界的梦想，都离不开丰富的学识和扎实的语言功底。随着中国的崛起，文化的输出，中文同样成为其他国家追捧的对象，全世界有近16亿人把汉语作为第一语言，党的十八大以来，中国梦点亮了世界，"一带一路"让各国人民看到了中国智慧与力量。

2019年，美国北奈尔斯高中中文班40多名学生用中文给习近平主席写信，询问习主席的工作、生活情况和个人爱好，表示他们正在学习中文，喜爱中国的语言文字、音乐和中餐。习近平主席在回信中表示，"学习中文可以更好了解中国，结识更多中国朋友，也可以结识很多会说中文的世界各国朋友"。并赞扬他们汉语书写工整、用词规范，希望他们继续加油，在中文学习上取得更大进步。2020年，国家主席习近平亲切复信美国犹他州卡斯卡德小学50名四年级学生，鼓励他们继续努力学习中文，了解中国文化，为增进中美两国人民友谊作出贡献。

美国国际教育委员会的统计数据显示，美国中小学生学习汉语的人数近年来出现爆炸式增长，在2005年，美国只有200所中学开了汉语课，学中文的学生只有2万人，10年后，已经有40万。在英国，一项针对未成年人父母的调查显示，在除印欧语系之外的语言中，英国父母最希望孩子学习中文，他们认为，学习中文有助于孩子未来事业的发展，也能开拓视野，接触中国多元的文化，前首相卡梅伦在任时也曾积极推广中文。在肯尼亚，中文语言学校繁荣，越来越多的年轻人把懂中文看成在激烈的就业市场上最有效的竞争力。在新西兰，90%以上的华人都会让子女学习中文。

语言是沟通的桥梁，中华语言文化在中国参与国际事务、与各国交流过程中发挥着重要作用，推动中华文化走出去的重要一步就是推动中文的国际化。更多的人了解中文、学习汉语，才能更好地了解中华文化的内涵，理解中国人为人处世的哲学，增强对中国政策和国际主张的认同感。从"菜鸟"级的"你好""谢谢"到"大神"级的无障碍交流，再到"骨灰"级的引经据典，近年来，越来越多的外国名人到访中国时，都不忘秀一把中文。2008年，澳大利亚前总理陆克文在北京大学演讲，用标准的中文调侃，"中国有个说法，叫'天不怕，地不怕，就怕老外开口说中国话'"。Facebook的创办人马克·扎克伯格也是有名的中国通，他曾在清华大学全程用中文演讲，惊艳众人。加拿大籍主持人大山、日籍演员矢野浩二和运动员福原爱、韩国女星林允儿都是一口流利的中国话，正如歌中所唱"孔夫子的话，越来越国际化，全世界都在讲中国话"。

语言传播力的增强，有助于推动中国国际话语权的增加，提升我国的文化影响力和国家软实力。外国人学汉语，能更好地与中国沟通，中国人学外语，能有效地与世界对话，因为"语言决定了你世界的边界"。

读书日谈学习

公历四月二十三日

劝学诗

（唐）韩愈

读书患不多，思义患不明。

患足己不学，既学患不行。

世界读书日全称为"世界图书与版权日"，又称"世界图书日"，最初的创意来自于国际出版商协会，1995 年 11 月 15 日正式确定，设立目的是推动更多的人阅读和写作。读书是学习的主要方式，是提升自己的有效途径。

4 月 23 日是西班牙文豪塞万提斯的忌日，也是莎士比亚出生和去世的纪念日，又是美国作家纳博科夫、法国作家莫里斯·德鲁昂、冰岛诺贝尔文学奖得主拉克斯内斯等多位文学家的生日，所以把这一天确定为图书日再合适不过，但这个世界性的节日还未被社会公众所了解，就算知道也不重视，是因为在很多人的观念里读书是学生的事。欧阳修说过，"立身以立学为先，立学以读书为本"。从中能看出读书对于人的成长有很大帮助，阅读不该成为被提醒的事，更应该成为自知与自觉的行动。

向书本学习。在古代，考取功名是寒门学子走上仕途，实现政治抱负的唯一途径，所以宋真宗赵恒说到，"富家不用买良田，书中自有千锺粟；安居不用架高堂，书中自有黄金屋；出门莫恨无人随，书中车马多如簇；娶妻莫恨无良媒，书中自有颜如玉；男儿若遂平生志，六经勤向窗前读"。传递的思想虽然有些功利，但在古代，读书确实是出人头地的必经之路，当然了，并不是所有读书人都能名列三甲，八股文章也不全是治国的良策，徒读父书的大有人在。

学习的重要性不言而喻，但在当下也不是唯一出路，另外择校难、上学贵、就业愁、薪水低等社会现象产生了一个新的观点"读书无用论"。我听到过在青年人中广为流传的说法，"用一麻袋钱买了一麻袋书，毕业后，卖了一麻袋书的钱却买不了一个麻袋"。听起来符合逻辑，但这种简单推理掩盖了深层次的道理，"不积跬步，无以至千里；不积小流，无以成江海"。学习是一个循序渐进的过程，需要持之以恒，不能心浮气躁，读书也需要长期积累，不能浅尝辄止，要有一股子"打破砂锅问到底"的精神，只有量的积累才能达到质的飞跃。

莎士比亚说过，"三年可以造就一个富翁，三代造就不了一个贵族"。意为土豪不等于贵族，有钱不等于有精气神。在现在，一夜暴富的人不少，但富而不贵的人却很多，财富带给他们的只是生活的奢靡和精神的空虚，网上曝出的种种"炫富"行为，实为缓解内心焦虑。挥金如土只能称之为"暴发户"，而真正的贵族是"富而有礼""富而有仁"的人，是精神上的贵族，知书达礼、谦虚谨慎，严于律己、严守私德。财富能改变生活，但知识能改变命运，想要物质精神都保持富有，需要内外兼修。比起拥有财富，精神高贵的人更值得尊敬，屠呦呦淡泊名利几十年，潜心钻研，成为第一位获得诺贝尔科学奖项的中国本土科学家、我国第一位获得诺贝尔生理学或医学奖的科学家，她在瑞士获得的礼遇非同一般，"青蒿素"除了让她成为家喻户晓的人物，更是推动了全人类的进步。

读书是习近平总书记鲜明的特征，当年在延安插队，他每天都要看书，听说一个知青有《浮士德》这本书，就走了30里路去借，正是对知识的渴求，才让他有了深厚的文化储备。习近平总书记在《我的文学情缘》里这样写道，也就是五六岁的时候，母亲带他去买岳飞的小人书，给他讲精忠报国、岳母刺字的故事。"我说，把字刺上去，多疼啊！我母亲说，是疼，但心里铭记住了。'精忠报国'四个字，我从那个时候一直记到现在，它也是我一生追求的目标。"总书记曾回忆说："我不到16岁就从北京来到了中国陕北的一个小村子当农民，在那里度过了7年青春时光。那个年代，我想方设法寻找莎士比亚的作品。年轻的我，在当年陕北贫瘠的黄土地上，不断思考着'生存还是毁灭'的问题，最后我立下为祖国、为人民奉献自己的信念。"从当年的青涩青年到今天中国这艘巨轮的舵手，时代在变，信念、初心没有变，一路走来不断强化，这就是知识的力量。

向实践学习。"纸上得来终觉浅，绝知此事要躬行。"毛泽东同志说过，"读书是学习，使用也是学习，而且是更重要的学习"。要读书更要实践，知行合一。实践是生动的课堂，实践是检验真理的唯一标准，"充见之不若知之，知之不若行之"，说的就是这个道理。战国赵括"纸上谈兵"，两晋学士"虚谈废务"的历史教训告诫今天的我们"空谈误国，实干兴邦"。

"履不必同，期于适足；治不必同，期于利民。"中国特色社会主义道路没有沿用苏维埃社会主义阵营的思想，既不是"过去的"，更不是

"西化的"，而是结合实际走出来的自己的道路。"路漫漫其修远兮，吾将上下而求索"，改革开放以来取得的巨大成就证明中国特色社会主义是成功的，今天中国走的道路是历史的选择，是人民的选择，实践就是社会主义制度优越性最好的证明。

古人云，"读万卷书，行万里路"。意思是不能死读书、读死书，要注重读书与应用的结合，既多读有字之书，也多读无字之书，注重学习人生经验和社会知识。社会实践是大学生认识社会、体验社会、回报社会的重要形式，是社会和学校对大学生进行思想政治教育的重要载体，也是促进大学生将爱国之志转化为报国之举，将知识技能转化为素质和能力的有效手段。青年学生除了要在"象牙塔"里实践，更要步入社会实践，这里所说的实践不仅仅是知识的转化，还包括思想道德的提升，俯身服务的态度，辨别是非的能力，等等。在实践中学习不是走形式，走过场，而是在实践过程中不断学习新思想、新知识、新经验。

培根在《谈读书》一文中写道，"读书足以怡情，足以傅彩，足以长才。其怡情也，最见于独处幽居之时；其傅彩也，最见于高谈阔论之中；其长才也，最见于处世判事之际"。读书作为一个人成长的内因，其力量不能小觑，知识是一个人立足的基础，而书是知识的基础，光读书不思考，读到的东西如昙花一现，过往云烟；光思考不读书，结果也是空架子，治学问之道，既要善于读书，也要善于思考，明辨是非，学思并重。

"学所以益才也，砺所以致仞也。"书是我成长的阶梯。儿时放学后，坐在路边花一毛钱看小人书是很快乐的事，《格林童话》《一千零一夜》，一个个小故事伴我度过快乐时光。随着年龄增长，我对四大名著、《资治通鉴》等产生浓厚兴趣，家门口的新华书店是我最喜欢去的地方。上大学，读研究生，参加工作，阅读的范围越来越广，闲暇时光，享受着在墨海书香中与古圣今贤对话的乐趣。今天的阅读方式更加多样，内容更为广泛，孩子再也不用坐在路边去翻阅，开放式的图书大厦为阅读爱好者提供了便捷优越的条件，一本电子书便可广闻博收。

阅读是人类获取知识、增长智慧的重要方式，是一个国家、一个民族精神发育、文明传承的重要途径。"不要人夸颜色好，只留清气满乾坤"，习近平总书记在十九大会后同中外记者见面会上以诗言志，以梅花写照当今的中国，昭示的是一份不争春的从容、不畏寒的定力。青年学生正处于学习的黄金时期，应该把学习作为首要任务，树立"梦想从学习开始，事业靠本领成就"的观念。

"腹有诗书气自华。"选择一本好书等同交了一位博学多才的益友，读书带给我们的不仅是快乐，还有力量。高尔基说过："书籍是青年人不可分离的伴侣和导师。"

论　诗

（清）赵翼

李杜诗篇万口传，至今已觉不新鲜。

江山代有才人出，各领风骚数百年。

　　1970 年 4 月 26 日，《建立世界知识产权组织公约》生效，世界知识产权组织正式成立。2000 年 10 月，在第 35 届成员大会上，我国和阿尔及利亚提出了关于建立"世界知识产权日"的提案，获大会通过，世界知识产权日由此设立，该主题日旨在促进各界树立尊重知识、崇尚科学，保护知识产权的意识，营造鼓励知识创新和保护知识产权的法律环境。

　　纵观历年来世界知识产权日的主题，创新是一个重要的主题，2002 年主题是"鼓励创新"，2008 年是"赞美创新，增进人们对知识产权的尊重"，2009 年提出"绿色创新"，2010 年则是"创新——将世界联系在一起"，2017 年定为"创新改变生活"。回看历史，没有任何一个时代像今天的中国一样，如此重视创新。党的十八大以来，在习近平总书记的公开讲话中，"创新"是高频词，总书记把创新"摆在国家发展全局的核心位置"，强调指出"创新是一个民族进步的灵魂，是一个国家兴旺发达的不竭动力，也是中华民族最深沉的民族禀赋"。

从哲学上说，创新是"人的实践行为，是人类对于发现的再创造，是对于物质世界矛盾的利用再创造。人类通过对物质世界的再创造，制造新的矛盾关系，形成新的物质形态"。创新不仅体现在结果上，更是一个过程，一个萌发、孕育、培养、发展、完善、壮大的全过程。创新既要有包罗万象的大脑还要有耐住寂寞的心，创新是常规工作的几倍、几十倍，从体力到脑力，从生理到心理，都要经受住考验。爱迪生用一千多种材料做灯丝失败后才发明了电灯，成为闻名世界的科学家，小仲马认真创作，辛苦努力却换来一封封的退稿信，直到《茶花女》的问世才震惊文坛。事实证明，没有毅力，创新无从谈起。

习近平总书记还勉励广大青年一定要勇于创新。他说："青年是社会上最富活力、最具创造性的群体，理应走在创新创造前列。"大学生创新并不是一定要成功，更多是总结积累经验，成功固然可喜，失败也不可怕，大不了从头再来。对大学生来讲，创新失败的成本与承担的风险要比企业小得多。昔日的手机霸主诺基亚，就是因为失败的创新成为了过去。"随人作计终后人，自成一家始逼真。"创新也不是简单地重组和模仿，在各类比赛中，见到过很多"幼稚"的创新，甚至是"浪费式"的创新，为了应付去创新实在没必要，创新需要厚积薄发、脚踏实地。

创新归根结底是提高效率，改变生活，更好地为人类服务。创新意味着改变，所谓推陈出新、吐故纳新、气象万新、焕然一新，无不是突出一个"变"字，而变化的创造者就是人。央视有档节目叫《我爱发明》，里面的每一件产品都是普通人智慧的结晶，网上有一组照片名为《德国的厨房》，常见的锅碗瓢盆刀叉勺等，融入创新思维，被改造成更方便、更美观的工具，这些创新是家庭主厨生活经验的提炼，贴近生活，贴近实际，万众创新，人是关键。

"创新从来都是九死一生"，习近平总书记在两院院士大会上的这句话，道出了创新的不易。都说一分耕耘一分收获，而创新收获的可能是一份失败，所以说创新并不是轻松的美差，而是要经历无数次失败的苦差事，创新还意味着风险，除了要有扎实的基本功，渊博的知识，还要有承担失败的勇气。屠呦呦失败 190 次后才发现青蒿素，而这一发现被誉为"缓解了亿万人的疼痛和苦恼，拯救了无数人的生命"。1974 年 11 月 15 日，长征二号运载火箭托举着我国第一颗返回式遥感卫星，升空仅 20 秒就发生爆炸，数年心血，顷刻间灰飞烟灭。经历了惨痛失败和不断地攻坚克难，今天的中国航天正在由"跟跑者"变为"同行者"，甚至是"领跑者"，已在全世界占有重要一席之地，为人类和平利用太空贡献中国智慧、中国方案、中国力量。

习近平总书记指出："科技创新是核心，抓住了科技创新就抓住了牵动我国发展全局的牛鼻子。"在全国科技创新大会上，习近平总书记说，科技是国之利器，"中国要强，中国人民生活要好，必须有强大科技"。自 1995 年科教兴国战略提出以来，中国把科技创新摆在重要位置，一大批重大原创成果领跑全球，"科学技术是第一生产力"的论断深入人心，从科教兴国到人才强国，再到创新驱动发展战略，二十几年来，我们党顺应时代要求，将科技创新内化为执政理念的一部分，中国在创新方面的成绩可圈可点，成果丰硕，天宫、蛟龙、天眼、悟空、墨子、航母、大飞机等重大科技成果相继问世。

创新就像撬动地球的杠杆，总能创造令人意想不到的奇迹。对于一个国家来说，创新是繁荣昌盛、发展壮大的基础，近代以来的每次重大科技创新都会引起产业变革，导致大国兴衰和格局调整。"综合国力竞争说到底是创新的竞争。"在习近平总书记看来，"在激烈的国际竞争中，惟创新者进，惟创新者强，惟创新者胜"。两院院士大会上，习近平总书记发表重要讲话，"中国要强盛、要复兴，就一定要大力发展科学技术"。创新是实现"中国梦"的翅膀，站在新的历史起点上，要实现"两个一百年"奋斗目标，我们更要用好创新这个有力杠杆，小创意大智慧体现的是中国人民乐观的生活态度，对美好未来的憧憬。

第一次工业革命时，封建专制下的中国，自我陶醉在大国美梦中沉睡。第二次工业革命时，半殖民地半封建社会的中国，在西方列强的坚船利炮下挣扎。第三次科技革命时，社会主义制度下的中国奋起直追。世界知识产权组织发布的 2019 年全球创新指数显示，近年来，我国的创新指数排名持续上升，2018 年成为史上唯一跻身前 20 强的中等收入经济体，这充分说明中国重视创新投入，重视知识产权保护和运用。

"创新无国界。"自主创新不是关起门来搞创新，中国将与全世界合作，进一步加强知识产权保护，以创新引领发展，以创新改变生活。

赠汪伦

（唐）李白

李白乘舟将欲行，忽闻岸上踏歌声。

桃花潭水深千尺，不及汪伦送我情。

世界微笑日是由世界精神卫生组织在 1948 年确立的唯一一个庆祝人类行为表情的节日。笑是感情的流露，跟自己微笑，是一种鼓励；跟他人微笑，是一种友善；你对世界微笑，也会看到世界对你微笑。在这个温馨的节日里谈微笑，谈友善。

笑除了能消除紧张情绪，更代表一种生活态度，法国作家拉伯雷说过"生活是一面镜子，你对它笑，它就会对你笑，你对它哭，它就会对你哭"。生活既是对手，也是朋友，作为对手，总会设置一些障碍，制造难题；作为朋友，若笑对人生，就能体会其中乐趣。开心乐观地生活，日子一定阳光灿烂，每天愁眉苦脸，生活还怎能继续。"有一种东西，比我们的面貌更像我们，那便是我们的表情；还有另外一种东西，比表情更像我们，那便是我们的微笑。"这是法国浪漫主义文学的代表作家雨果的名言，生活是错综复杂的，经常会有令人抓狂的事情，当面对困难、迷惑、无奈时，不妨暂时放一放，"装"出一份好心情，让自己笑一笑，笑出健康、摆脱忧伤。

我们会因感情烦恼，会因小事不快，会被激怒而暴跳如雷，也会被琐事搞得疲惫不堪，会被失败打击得一蹶不振，但这就是生活，如果改变不了现实，那就换个角度，换条道路。人总是有情绪的，不良情绪是堆积起来的，当你带着不好的心情去处理事情，便会心不在焉，有可能连续出错，这种连锁反应就是常说的祸不单行。善于微笑实则是掌握驾驭情绪的能力，积极的发泄方式，笑能将悲观的情绪发泄出去，能将失落的阴霾一扫而光。古人说"笑一笑，十年少"，这个"少"不指年龄，指心态，在精神长期处于高度紧张的状态下，在郁闷成为口头禅的今天，时不时地做一个"没心没肺"的人，未尝不是一件好事。对于健康，笑也是成本最低、效果最佳的一剂良药，随着朗朗笑声，肺叶扩张，呼吸肌肉也跟着活动，好比一套欢笑呼吸操。

小时候，我们泪眼汪汪时，爸爸妈妈会边逗边说"笑一笑呀"，从嚎啕大哭到破涕为笑就是几分钟的事情，这说明情绪改变能影响行为改变。美国的心理学家艾克曼通过实验证明，人若总想象自己进入某种情境，感受某种情绪，结果这种情绪十有八九会真的到来。我们评价一个优秀的演员，能分分钟入戏，让自己完全沉浸在剧情中，无论现实中是什么状态，绝不会影响剧中角色，这种演戏的忘我值得学习，好心情完全可以演出来。如果遇到小失意，装作无所谓的样子，把注意力分散到其他事情中，换个环境，换个状态，勉强地挤出一丝微笑，让这些作为"药引子"，勾出心底向好的一面，不良情绪就会冲淡，重新恢复平静。所以说，要善待心灵和调整情绪，要学会给自己演戏，演出一丝快乐，因为哭着哭着就笑了。

我们常用"管鲍之交"形容朋友之间的友谊。管仲是春秋时齐国的宰相，鲍叔牙是大夫，他们之间彼此了解、相互信任，结下深厚友情。我国还有伯牙和钟子期的"高山流水觅知音"，廉颇与蔺相如"刎颈之交"，刘关张的"桃园三结义"，等等，摒弃利益的交际乃"君子之交"，这些交往的故事已成为中国流传千年的佳话。朋友是社会关系中重要一环，交际不仅是生存所需，也能分担忧愁、化解烦恼，顾影自怜不如和朋友豪饮三碗，悲痛难当不如和知己互诉衷肠，培根说过，"缺乏真正的朋友，乃是最纯粹，最可怜孤独"。

庄子曰："君子之交淡如水，小人之交甘若醴，君子淡以亲，小人甘以绝。"淡如清水的友谊忠实可靠，如陈年老酒，越品越有味。相交喻于利，现在的人总抱怨朋友间的关系是建立在利益基础上，缺乏真情，这或许是他们不快乐的主要原因。仔细想想，是不是自己先封闭了自己，不主动伸出友谊之手，他人又怎么会来握你的手，在需要帮助时才联系朋友，又怎能强求他人时刻想着你，自己冷若冰霜，朋友又怎会笑脸相迎。我们应该认清什么是友善，什么是真正的朋友。朋友感情需要维系，但不能只靠利益维系，人之相知，贵在知心。真正的朋友是在你遇到困难时给予鼓励与支持，在你春风得意时善意的提醒与建议；真正的朋友不是张口闭口的哥们义气，而是直言相告，心有灵犀的默契。

感觉不到友善的原因在于神经紧绷，快乐和幸福不能靠外来的物质和虚荣，而要有发自内心的善良与助人的快乐，一个微笑，一个眼神，一句问候，充满善意地看待世界，主动给予和付出，自然会收获幸福。赠人玫瑰，手有余香，社会主义核心价值观大力提倡友善，就是希望人人都能够以自己的力量去帮助他人，在心中培养一种助人强烈愿望。

友善不仅要对朋友，更要对自己，越来越多的人容易自我较劲，钻牛角尖，想不通就容易走极端，因得失而牢骚满腹，因不顺而垂头丧气，因进步而得意忘形，归其原因，是没有找准位置。有的人家底殷实，有的人仓无余粮；有的人呼风唤雨，有的人位卑言轻；有的人平步青云，有的人一波三折，这常让我们发出"为什么是他不是我"的疑问。看看别人，比比自己，比出了怨恨，比出了烦闷，心理不平衡容易让人陷入失败的漩涡中，别说和他人和颜悦色了，就连自己都难心平气和。友善首先要做到心静似水，拥有淡泊无华的心境，于寂然中品味，"难得夕阳无限好，何须惆怅近黄昏"。这不是让我们成为虚怀若谷的圣人，具备海纳百川的胸怀，而是不被攀比所累，不被生活所牵制，友善就是一种豁达。

友善是一种幸福感，这种幸福源自"不以物喜，不以己悲"的境界。大千世界，每个人都有自己的性格和特点，因各种关系形成不同团体，当面对他人成功，该如何正视自己是一门学问。嫉妒是一种无法公开的心理暗示，人最容易在嫉妒中迷失，本来很好的朋友在或明或暗的竞争中两败俱伤，竞争不过会心生芥蒂，双方互不相让，形成恶性循环，必然会影响事业发展和身心健康。在影视剧中能看到这样的剧情，垂暮之年，感慨万千，"斗了一辈子又何必呢"？带着无限遗憾离开人间。生命之舟沉浮不定，攀比嫉妒伤人伤己，与人为善，坦然面对才不会为杂七杂八的事分散精力，才能更好地享受生活，收获满满幸福。

这是一个极具诱惑的社会，虽有浮躁，但机遇难得，成功的象征不在乎外人的羡慕，而是内心的满足，微笑是表情，友善是态度，拔掉心中杂草，迎接美好生活。

江 村

（唐）杜甫

清江一曲抱村流，长夏江村事事幽。

自去自来堂上燕，相亲相近水中鸥。

老妻画纸为棋局，稚子敲针作钓钩。

多病所须惟药物，微躯此外更何求。

"我喜欢一回家，就有暖洋洋的灯光在等待。我喜欢一起床，就看到大家微笑的脸庞。我喜欢一出门，就为了家人和自己的理想打拼。我喜欢一家人，心朝着同一个方向眺望……"这首《相亲相爱一家人》感动无数人。联合国大会在 1993 年的一项决议中确立每年 5 月 15 日为国际家庭日，以此促进家庭的和睦、幸福和进步。家庭是社会的"基本细胞"，也是对人类社会产生重要影响的个体单位，家庭的幸福和谐关乎整个社会的稳定及良性发展。

我从家庭和谐与孩子教育说起。近年来，未成年人犯罪低龄化不断挑动公众脆弱的神经，引起全社会的担忧，这些在花季年龄的孩子到底为何走入歧途。我们去指责社会大环境不好，尤其是发展迅速的互联网，孩子很容易地了解成人世界，然后去效仿。除此之外，还有一个更重要的原因，就是家庭。梳理这些案件，发现他们多数身上有一个共同点，家庭教育的缺失。有的是单亲家庭，从小缺少父母的关爱与温暖，造成性格上的缺陷；有的是父母忙于生意，无暇顾及，只在金钱上满足所需；有的是留守儿童，父母长期在外，家中老人根本管不住他们，是非不分的孩子哪能经得住社会的诱惑，在叛逆的年龄无人监管，无人引导，从"熊"到犯罪也就不奇怪了。

有一种普遍认识，孩子的教育就该交给学校，交给老师，其实这是片面和狭隘的，校门阻挡不住歪风邪气的渗透，老师也不是 24 小时在传道授业。从儿童受教育的顺序来看，首先是家庭教育，其次才是学校教育，最后是社会教育，家长的品德、素质、人格、言行、生活方式、教育态度等都潜移默化地影响着孩子，长时间的耳濡目染对孩子的思想观念、行为准则、是非判断都起着重要作用，所以，习近平总书记特别强调"不论时代发生多大变化，不论生活格局发生多大变化，我们都要重视家庭建设、注重家庭、注重家教、注重家风"。只有每一个家庭都既承担起"帮助孩子扣好人生的第一粒扣子，迈好人生的第一个台阶"的重担，又承载起帮助孩子"在为家庭谋幸福、为他人送温暖、为社会作贡献过程中提高精神境界、培育文明风尚"的重任，这样家庭培养出来的孩子才能够"自觉承担家庭责任、树立良好家风"，打下良好的思想基础、品德基础和人格基础。

习近平总书记讲："家庭是人生的第一个课堂，父母是孩子的第一任老师。孩子们从牙牙学语起就开始接受家教，有什么样的家教，就有什么样的人。"有一则公益广告，忙碌一天的妈妈给老人洗脚，这一切都被孩子看在眼里，走路都还不算稳当的孩子也端来一盆水，学着给妈妈洗脚，母亲起到了表率作用。同样，一些"小祖宗"只要不满足自己的条件就闹情绪，对大人指手画脚，拳打脚踢，父母既生气又无奈，只能自我安慰，"孩子太小不懂事，不听话。"看似复杂的问题不难找到答案，扪心自问自己对父母是什么样的态度，所谓言传身教，"子不教，父之过"道出家庭教育的重要。

仔细研究未成年人犯罪的案例，会发现几乎每个"问题孩子"的背后都有一个"问题家庭"，一些错误的观念在个别家长眼中变得无所谓，孩子惹是生非，要么包庇，要么赔钱了事，这似乎成了规律。"我的孩子只能我来管，谁都不能碰。"这本身就是谬论，更何况有些父母不会管，也管不了，家庭成了孩子犯错后的庇护所，久而久之，得不到惩罚的孩子越来越有恃无恐，这里面父母起了推波助澜的作用。

家庭气氛、成员之间的关系、父母的教育方式等会影响孩子的成长，甚至是孩子一生的性格特点、人格风貌，如果家庭关系不和睦、氛围差，父母三天两头吵架，孩子情绪会暴躁、失控、敏感、脆弱，性格会孤僻。教育家马卡连柯说过，"没有父母的爱，所培养出来的人，往往是有缺陷的人。"从某种程度上讲，家庭教育比学校教育还重要，家庭教做人，学校教知识，社会教做事，教育需要各环节联动，构建立体综合、全方位覆盖的网络。

家是避风的港湾，古人云"家和万事兴"，家庭和谐是追求的目标，也是一种生活境界，幸福美满的家庭是人生驿站，是事业发达的基础。倘若家庭生活中存在压力，那么人的职业压力、外界压力就会放大，迫使走向极端。家庭是以婚姻为基础，以血缘关系为纽带，家庭和谐并不是家人之间没有一点矛盾，有时候争执也能促进感情，家庭矛盾更多是一时冲动，应该是"讲情"而不完全是"讲理"，但火头上又很难控制脾气，有的无限扩大，把陈年旧事翻出来，有的紧盯细小，拼命寻找对方语病。争吵图痛快，非要说出个子丑寅卯，争出个谁对谁错来，殊不知"争理"必定"伤情"，家人之间，吵赢又能怎样？事实上，家庭纠纷没有固定答案，所谓"清官难断家务事"说的就是其中盘根交错的关系。会争执的人事事给对方留余地，随时都有台阶下，不会争执的人时时都想置对方于死地；会争执的人矛盾越来越少，感情会越来越好，家庭才会越来越和谐。

家庭是社会的细胞，社会是由千千万万个家庭组成，家庭和睦则社会安定，家庭幸福则社会祥和，家庭文明则社会文明。家庭和谐也离不开社会和谐的大环境，两者相互依存，相互作用。2016年习近平总书记在会见第一届全国文明家庭代表时说："历史和现实告诉我们，家庭的前途命运同国家和民族的前途命运紧密相连。千家万户都好，国家才能好，民族才能好。"家庭和谐关系到每个人的幸福，关系到每个家庭积极功能的发挥，进而关系到整个国家的稳定。在家顺气，外出待人待物也能和和气气；在家堵心，出门就会没事找事，宣泄不快。人都具有人性与本性，家庭和谐、社会和谐需要用人性适度约束本性，看看被称为"垃圾人"的表现，都是不能很好处理家庭关系，把负面情绪带入生活，疯狂报复社会。

过去说"家丑不可外扬"，但现在把家庭丑事公布于众成了一种时尚，不知从何时起，各大卫视把目光放在家庭琐事上，出现了很多以家长里短为内容的访谈类节目。随着收视率竞争的白热化，什么"狗血"的剧情全都搬上荧屏。为了博眼球，底线、节操统统掉一地，甚至出现无限制的夸张、杜撰剧情、找人来演的现象，延续千年的传统家庭伦理道德瞬间土崩瓦解。节目中经常是歇斯底里的争吵、咒骂，双方大打出手的镜头也不剪辑，荧屏充满负能量。真真假假不好分辨，是是非非无法评判，暂且不说广泛传播会不会造成不良的示范效应，至少会对公众积极的生活态度有一定影响。我认为一味放大家庭矛盾，这种做法本身就不好，社会是由诸多家庭组成，这个庞大的系统要求所有子系统是健康的、富有生机和活力的，比起矛盾重重的家庭，那些幸福的家庭更应该宣传，让人学习。孟子云，"天下之本在国，国之本在家"，每个家庭健康和谐了，整个社会必然会健康和谐。

幸福的家庭都是相似的，相似之处就是用心经营，习近平总书记指出："无论时代如何变化，无论经济社会如何发展，对一个社会来说，家庭的生活依托都不可替代，家庭的社会功能都不可替代，家庭的文明作用都不可替代。"

游山西村

（宋）陆游

莫笑农家腊酒浑，丰年留客足鸡豚。

山重水复疑无路，柳暗花明又一村。

箫鼓追随春社近，衣冠简朴古风存。

从今若许闲乘月，拄杖无时夜叩门。

世界那么大，我想去看看。如今旅游不是什么奢侈活动，生活条件好了，想出门转转也成自然。这几年，国内游、境外游异常红火，一到节假日，景点游人如织，旅游成为时下最受欢迎的休闲方式。2001 年 5 月 19 日，浙江省宁海人麻绍勤以宁海徐霞客旅游俱乐部的名义，向社会发出设立"中国旅游日"的倡议。2011 年 3 月 30 日，国务院常务会议通过决议，将《徐霞客游记》开篇日 5 月 19 日定为"中国旅游日"。设立这一节日，标志着中国旅游业正迈入一个新时代。

旅游市场火了，老百姓受益，但随之而来的不文明行为也让原本美好初衷频现囧态。不仅杭州西湖成了"洗脚池"，连法国卢浮宫前的喷泉也有中国游客泡脚的身影，颐和园的墙根成了公共卫生间，庙宇、教堂等宗教场所，游客打闹说笑、随意拍照，上海迪士尼乐园尚未开园，灯杆上就已经被刻上"到此一游"，郑州黄河风景区内景观被当作垃圾桶……

有人不讲文明，是因为目无法纪。"法不责众"是当下很多人的心态。"中国式过马路"走红网络，一天内就被近十万网友转发，并很快成为热词，网友表示司空见惯，所谓"中国式过马路"就是无视红绿灯存在，凑够一堆人就可以走，清晨骑车上班，路遇红灯停下来等，红灯秒数还未读完，个别人就闯灯而过，我在原地反而遭到后方铃声和喊声的不断催促。买的是普通座却要到商务车厢休息，高铁霸座现象屡有，不但不遵守规则，反而破口大骂，甚至有的还对列车员大打出手，人性丑陋的一面尽显无余，文明在法盲面前遭到践踏，只有靠法律来惩罚约束。

有人不讲文明，是因为没有教养。人的日常行为与道德品质不可能割裂分开，旅游中的行为是生活习惯的表现。一青年男子爬上女红军雕像并坐在其头上撒野拍照，成了众人声讨的网红。因飞机遇气流颠簸，一旅客心中不快，破坏舱门，意欲闯进驾驶舱向机长讨要说法，过激行为换来十天拘留。公共场所大声喧哗、乱丢垃圾、随地吐痰，游玩时不讲秩序、踩踏绿地、攀爬树木建筑物，这些饱受诟病的不文明行为，有教养的人是不会做出来的。文明旅游是一个老生常谈的话题，说来说去也不外乎几个方面要注意，条条款款像是在教小学生。

有人不讲文明，是一种病态心理。埃及卢克索神庙的浮雕上有人用中文刻上"×××到此一游"，千年文物遭到毁坏。在中国大大小小的旅游景点，以各种方式在各种材质上留下"到此一游"可谓屡见不鲜，上千年的古城墙、亭台楼阁成了涂鸦墙，树木被刻画得伤痕累累、遍体鳞伤，只要手能够到的地方无一幸免，连故宫的一口大铜缸也被偷偷刻上了字，留在文物上的名字，有些叫作不朽，有些叫作遗臭，有些叫作玷污。"到此一游"不是文化，也不是纪念，是一种病，一个让人反感的现象。

有人不讲文明，是因为不知所作所为何错之有。旅游本来就是随性玩耍，何必拘束，再说了，那么多人都如此，又何必较真。一个轻而易举的"随"字就为不文明行为开脱。在洛杉矶通往圣迭戈的 5 号州际公路旁一处观赏海鸟的景点，一名中国女游客下车后大呼小叫地冲到前面左拍右拍，两名男伴作势驱赶鸟儿，然后抓拍众鸟惊飞的场景。在法国南部普罗旺斯薰衣草田，两拨中国人为争抢拍照位置大打出手。类似的场景在国内也有发生，昆明海埂大坝，游人抓住红嘴鸥自拍留影，导致红嘴鸥翅膀折断，云南野生动物园的孔雀因被游客强抱拍照、拔毛，受到惊吓过度而死亡。

有人不讲文明，是思想跟不上时代。共享单车的出现打通了出行的最后一公里，本是便民的好事，却带来诸多社会问题，肆意毁坏折射出个别人扭曲的心理，私自加锁占为己有看出素质高低，泄私愤或追求刺激把车扔进河里，遭破坏的程度让人震惊。大量投放的单车让本已拥堵的交通不堪重负，乱停乱放成了新的城市顽疾，把单车比喻成"蝗虫"，说法虽然偏颇，但真实地反映出无秩序性，这些不文明行为并不是刻意为之，而是文明素质还没有跟上时代的快速发展，只图自己方便、不管他人的观念根深蒂固。

还有人不讲文明，丢了性命。为了逃票，无视警示牌，翻过两座 3 米高的围墙，钻过铁丝网，还要翻越围墙上倾斜 70 度的铁栅栏，一番折腾，结果命丧虎口，动物园之所以用围墙和笼子把人与老虎隔开，就是区分文明与野蛮，老虎不懂事所以把它圈起来，人可是懂事的，今天是人相约去观虎，并不是老虎组团来看人。门票就是保障，入园须知就是规则，付了钱自然就享受到该有的保护，按开发好的路线游玩怎能遇到危险，逃票入园从一开始就破坏了游戏规则，就算没遇见老虎，以后也会出现其他问题。

游客的言行举止代表国家的形象。我们经常因外媒报道中国人不文明的行为懊恼，也有人义愤填膺地质问，难道只有中国人不排队，上厕所不冲水，为何只曝光中国人的相片。国人一掷千金地消费却得不到与之相符的尊重，反而冠以"会走路的钱包"的蔑称，国外喜欢的仅是中国人的出手阔绰，惊人的扫货能力。

当然了，不能把旅游中的不文明现象完全归责于游客，一种结果往往有多种诱因，譬如旅游市场监管力度不够，出门旅行的你是否遇到这种情况，景区外活动着很多"热心人"，只要看你准备买票就会凑上去，告诉有小路，5人给3个人的钱就能领进去，结果七拐八拐找不到地方，再或者被领到一个地方强制消费，不掏钱不能走。媒体相继曝光了某地恶劣的旅游环境，黑旅行社，黑导游，欺诈、宰客、强制消费，甚至是威胁、恫吓、甩客的现象时有发生，行政部门疏于管理让不良旅游机构愈发猖獗，面对天价鱼、天价虾，怎么让游客保持文明？

个别景区为了利益最大化，不采取限流、分流措施，结果人满为患，景区设施严重老化，配套服务跟不上，与门票价格不相称，当权益受到侵害，游客表达不满是不文明还是维权？节假日自驾游，在高速公路上滞留数小时，高速路堵成了停车场，明知不能下车，但实在憋得难受，被动的环境里，再文明的人也可能会做出不文明之举。提高旅游文明，不仅需要旅游者主体，还需要旅游服务、旅游管理等多方共同发力，把品质提升起来，才能让文明旅游深入人心。

习近平总书记在马尔代夫访问时说："我们的公民到海外旅游讲文

明。矿泉水瓶子不要乱扔，不要去破坏人家的珊瑚礁。少吃方便面，多吃当地海鲜。"一番幽默的插话，引得全场响起一片笑声和掌声。"矿泉水瓶子不要乱扔"，看似是个小小提醒，却寄寓着对国人出境游文明素养的价值期待。泱泱华夏，礼仪之邦，不文明是个别人的行为，更多游客还是好的，文化和旅游部设置了游客不文明行为的黑名单，央视通过公益广告呼吁大家改变陋习，自媒体曝光也是以倒逼的方式督促整改。眼下的中国，从上到下，都在向旅游不文明现象宣战，值得欣慰的是，中国游客素质在普遍提高，很多不良现象也有改善，国人正以崭新的面貌走向世界。

人生需要有一场说走就走的旅行，一个受尊敬的旅行者，应当尊重文化差异，入境随俗，对自然和历史怀有敬畏之心。"你站在桥上看风景，看风景的人在楼上看你。"讲文明，树新风，让中国游客成为世界舞台上一道靓丽的风景。

劝学（节选）

（战国）荀子

骐骥一跃，不能十步；驽马十驾，功在不舍。

锲而舍之，朽木不折；锲而不舍，金石可镂。

戒烟不容易，关键靠毅力，想要战胜欲望，就得拿出点"有志者事竟成"的劲头来。1987 年 11 月，世界卫生组织在日本东京举行的第 6 届吸烟与健康国际会议上建议把每年的 4 月 7 日定为世界无烟日，并从 1988 年开始执行。1989 年，世界无烟日改为每年的 5 月 31 日，因为第二天是国际儿童节，希望下一代免受烟草危害。

烟草原产于美洲，15 世纪末由哥伦布带回欧洲，随后逐渐在世界被广泛传播。明朝初期，烟草传入中国。发达国家的卷烟产量及消费量增长缓慢，发展中国家成为世界卷烟产量及消费量增长的主要来源。我国是世界上最大的烟草生产国和消费国，卷烟的产量和消费量约占全球的 40%。多数发达国家的吸烟率呈下降趋势，而发展中国家的总体吸烟率居高不下，且青少年吸烟率呈上升趋势，吸烟流行形势严峻。

我最不愿意干的活就是查宿舍，这是一件影响一天心情的工作。三人一组，九点集合，敲门进屋，检查卫生、违禁电器、安全隐患、吸烟与否、拍照存证，批评教育，开出整改通知单后关门走人，这样的标准化流程一个上午要重复几百遍。我曾连续发了八篇博文讲宿舍那点事，涉及防火防盗、人身安全、人际关系，就是没提到禁烟，那时我还没完全意识到禁烟的重要性，后来因吸烟引发的火情不断见诸媒体报道，我愈发感觉校园禁烟迫在眉睫。

我问学生"宿舍不让吸烟，知道吗"？学生答，"知道"。我继续问，"知道为什么还要吸"？学生答，"憋不住"。不吸烟的人理解不了吞云吐雾的感觉，对于烟民来讲，烟已成为生活必需品，跟吃饭、睡觉一样，有时候，连课间都要抽两口烟过瘾。学校几经调研修改，制定了史上最严格的控烟令，但楼道里的烟蒂烟灰随处可见，甚至有未完全熄灭的烟头，吸烟不仅影响人的身体健康还给火灾埋下巨大隐患。

翻开全国重特大火灾统计资料，里面记录了许多因酒后吸烟、卧床吸烟、乱扔烟头、违章吸烟等酿成的火灾和伤亡事故。宿舍是学生最集中的地方，也成为烟民的"集中营"，工作中最让我挠头的就是如何有效地瓦解这一"恐怖组织"，说服教育、通报批评，违纪与评优挂钩，能上的手段都上了，但效果还是不明显。有人说，校园不卖烟能从源头取消，可现在买烟的渠道太多，学校超市没有但校外有，也有人说，没必要大惊小怪，抽烟的那么多，着火只是个例。除了人为纵火，有哪起火灾是当事人主观愿意发生的，就是因为侥幸心理作祟，才有了触目惊心的案例。

细数因吸烟引起火灾的几种常见形式，如躺在床上或沙发上吸烟引燃床单，随手乱丢烟头和火柴梗，在维修汽车和清洗机件时吸烟，叼着香烟寻物，烟灰掉落在可燃物上。再比如乱磕烟灰，打火机爆炸，在严禁用火的地方吸烟，把点燃的香烟随手放在可燃物上，还有醉酒后吸烟，等等。俗话说，"粒火能烧万重山"，烟头虽小，但隐患很大，带来的损失无法弥补。

在宿舍经常看到这样的场景，右手握着鼠标，左手夹着香烟，聚精会神地玩游戏，全然不知老师已站在身后。游戏赢了，抽一口"得胜烟"，因为在他无法通过正常自然的方式从游戏时的紧张中恢复过来，得靠尼古丁，尼古丁已经破坏了他的正常机能。游戏输了要抽一口"郁闷烟"，因为他也要靠尼古丁消除愤怒，平复心情。其实万般理由的背后，是对尼古丁产生了依赖。

烟草依赖是一种慢性疾病，是世界最严重的公共卫生问题之一。有人认为吸烟能排解压力、提高注意力，其实吸烟短暂兴奋后是压抑，对神经的刺激会让人的注意力下降。烟草本身的毒素容易让人上瘾，一支香烟含有 4000 多种化合物，其中主要含有焦油、尼古丁和一氧化碳等有害物质，焦油中含有几十种致癌物，尼古丁是使人成瘾的毒物。我国每天约有 2000 人因吸烟致病死亡，每年近 100 万，吸烟同癌症、艾滋病被列为危害人类健康的三大敌人，尽管很多人都知道吸烟严重影响人的身体健康，但还是不能成功戒除。

"瘾"是一种病，成功戒烟不高的重要原因是抽烟导致的"生理依赖"和"心理依赖"。所谓身体依赖，就是吸烟者一旦吸了烟之后，忽然停止吸烟，随着其体内尼古丁浓度的下降，吸烟者会出现一系列令人难以忍受的症状和体征，如烦躁不安、易怒、焦虑、情绪低落、注意力不集中、失眠、心率降低、食欲增加等。

再者就是心理依赖，俗称"心瘾"，心理依赖程度远远高于生理依赖，那些戒烟多次未成功的人屈从于内心对烟的渴望，又觉得连这点小事都坚持不住，会有一定的挫败感，其实这是一个缺点，而自己又无法从内心去面对这个缺点，不想去触及它。换句话说，一个不正视自己缺点的人往往战胜不了自己。戒烟一段时间又反复的不在少数，现在吸烟、敬烟是一种时尚与社交，别人发烟不接不好，这是不给面子，和当年"宁让胃口喝出洞洞，不让感情出现缝缝"的敬酒形式同出一辙。戒烟不是简单把烟扔掉，而是要戒掉习惯，要从心理来戒烟。

"绳锯木断，积习沉舟。"总之，早戒比晚戒好，戒比不戒好，贵在坚持。写到最后应该发出禁烟呼吁，但现在流行多点真诚，少点套路。那我就真诚地说一句，"你抽的不是烟，也不是寂寞，而是嘚瑟"。

勤　学

（宋）汪洙

学向勤中得，萤窗万卷书。

三冬今足用，谁笑腹空虚。

每年的9月8日是国际扫盲日，旨在动员世界各国重视文盲现象，与文盲现象作斗争，并促进世界各国普及初等教育，提高初等教育水平，使适龄儿童都能上学，达到能够识字的目标，最终达到促进文化传播和社会发展的目标。每年的国际扫盲日，联合国教科文组织都会颁发"国家扫盲奖"，奖励那些对此项工作作出卓越贡献的组织和个人。

随着时代的发展，"扫盲"一词的含义也发生了变化，现在的扫盲不仅限于识字，而是在技术进步、全球化和数字化背景下，对文化、科技、艺术等后天的教育，持续输入新的知识，不断完善与提升。在这个促进人类文明进步的节日，谈谈教育。

每个人都经历过教育，有不同的感受与见解，都有发言权。教育是一个很大的概念，我写的是当学生的感受，当老师的心理，是辅导员眼中的教育。教育有广义和狭义之分，广义的教育泛指一切有目的的影响人的身心发展的社会实践活动；狭义的教育是指专门组织的教育，即学校教育，其实还有更狭义的定义，就是人人吐槽却是选拔重要途径的应试教育。教育不仅是学校行为，还是社会行为，学生在学校接受知识文化培养，而成长成才、全面发展还需要家庭的熏陶、社会的影响。

我写过《请你讲文明》《请你讲诚信》两篇文章，一看题目，就知道不是清风细雨、丽句清辞的文章，我用严厉的语气、刻薄的文字点名了一些不文明行为，比如在课桌上乱刻乱画，上课迟到早退，评奖助学金虚开证明，上卫生间不冲水等现象，这些小事是教育的失败，重智轻德结下的苦果。不良习惯是大学才养成的吗？显然不是，从小没有约束，久而久之成了坏毛病。上小学、中学时，思想品德课、体育课，包括课间操、课间休息经常被主课老师占用，《学生手册》上对思想品德的评语显然不如分数更有说服力，在家长眼里，学习成绩要比知德行善更实际。

教育能改变什么？少年强则国强。教育是民生之本，是国家复兴的基础，知识可以改变一个人的命运，一群有知识的人可以改变国家的命运。中国拥有四大发明，曾经强大无敌，但落后的教育制度无法跟上时代，不思进取导致国家实力落后于西方，有了屈辱的近代史。中国从封建社会到半殖民地半封建社会，教育体制、人才培养模式陈旧，农业人口居多，文化科技没有发展，工业基本停滞不前，连年战火更是让国家满目疮痍。中国共产党成立后，改变国家命运落在共产党人肩上。

人才是科技强国的关键，教育是培养人才的基础。神舟上天，国人振奋，国外技术封锁几十年，科技工作者一点一滴摸索，成就伟业。现在的生活充满科技元素，从 BB 机到功能手机再到智能手机，用了多少年？空军从二代战机到歼－20列装，用了多少年？从互联网小众到国人半数以上成为网民，又用了多少年？六十年，中国从一穷二白发展到世界第二大经济体；三十年，从计划经济发展到市场经济；十年，生活进入数字时代，教育是进步的基石，教育能改变生活。

国家始终把提高全民族的素质作为一项根本任务，我认为素质教育就是让人全面发展的教育，重视思想品德素质、能力培养、个性发展、身体健康和心理健康等。由应试教育到素质教育，从形式上转变很快，搞一间多媒体教室，设计有意思的课程。当有些学校尝试改变传统课堂教学时，阻力并不是政策，而是家长，很多家长认为互动性更强的教育方式就是"玩闹"，从思想上认同需要时间。

传统观念里的素质教育还比较狭隘，学音乐、学绘画、学舞蹈，报几个兴趣班，学一门特长就是素质教育，可最后音乐、体育、绘画都成了通往大学的桥，素质教育不只是艺术教育和娱乐教育，不只是强调减负的教育，不只是增加课外活动的教育，更不是不看升学率的教育，素质教育和应试教育不应是对立的，而是相互补充，在教育中应加强对学生想象力、创新力、心理健康、高尚德行的培养。

邓小平同志在改革开放初期讲道，面向四个现代化，号召青年学生"德智体美劳"全面发展。德在智前，说明品质更重要。高知犯罪是现在社会发展出现的一个新问题，本应是社会精英，对国家文明、法治、建设、发展承担责任的高知群体，其中个别人没有责任心和使命感，有专业知识但无人文情怀，为了利益走向犯罪的深渊。陈吉宁在清华大学研究生毕业典礼上告诉同学们拒绝做"高知坏人"，他转述一位外国企业家的话，"国际金融危机不是由笨孩子造成的，而是由聪明孩子造成的"。司马光在《资治通鉴》里写道："才德全尽谓之圣人，才德兼亡谓之愚人，德胜才谓之君子，才胜德谓之小人。"人有才无德不可重用，而只有德无才也不是培养目标，应倡导德才兼备的教育。

说说教育公平。2004 年，一篇名为《我奋斗了 18 年才和你坐在一起喝咖啡》的文章引起很多人的共鸣，一个农家子弟经过 18 年的奋斗，才取得和城市同龄人平起平坐的权利。2013 年，另一篇题为《寒门再难出贵子》文章火爆网络，这里的"寒门"不光指经济，还包括地域、经历、眼界、教育环境等。2011 年我在甘肃某县挂职工作，期间走访了很多乡村学校，无论是办学条件，还是师资力量，和城市都相差千里，资源不平衡制约教育发展，城里的孩子 iPad 都玩腻了，乡村的学生还不知道多媒体是啥。在大学，生活习惯、人际交往、恋爱等问题都多多少少暴露出城乡之间的区别。比如，一些网络语言，农村孩子可能没接触过，因为他们大多信息面狭窄，再比如求职，农村学生社会关系匮乏也会影响发展，而这些看似不属于教育范畴的现象归根结底还是属于一个大的教育环境。

教育公平是社会公平的起点，不断完善国家助学制度，保障每一个学生能接受教育的基本权利，是推进教育公平的一项重要措施。为不让每一个学生因贫困而失学，党的十八大以来，党中央、国务院作出了一系列重要部署。在党的十九大报告里，习近平总书记强调，"让贫困人口和贫困地区同全国一道进入全面小康社会是我们党的庄严承诺"。精准扶贫深入到教育工作中，解决贫困家庭学生上学问题，保障贫困家庭学生平等接受教育的权利，消除因学致贫现象，也是决胜全面建成小康社会一项重要内容。2015 年起的教育精准资助扶贫体系，从幼儿园到完成高中、中等职业教育毕业，实行减免学费、补生活费和培训费等政策，对考取和就读高等教育的贫困家庭子女，按奖、贷、助、减、补等政策给予资助。

当然了，我们不能把所有的不成功都归结于出身，归结于父母，归结于条件。英国有一部纪录片叫《人生七年》，片中访问了十二个来自不同阶层的七岁儿童，每七年再去重新访问他们，到最后富人的孩子还是富人，穷人的孩子还是穷人，但是其中有一个叫尼克的贫穷小孩儿，他通过自己的奋斗成为一名大学教授，家境不好并没有阻挡住一个人通往成功的所有道路，现实生活中，寒门学子逆袭的案例也很多。

最后谈谈教育的组织者——教师。中国自古就是尊师重教的国家，老师在人们心目中的地位很高，韩愈作《师说》，"师者，传道授业解惑也"。授业、解惑是天职，传道是责任和使命。"经师易求，人师难得。"一个好老师，应该是"经师"和"人师"的统一，老师要有道德情操，其自身修养对学生三观有着重要影响。"师也者，教之以事而喻诸德者也。"老师的人格魅力是成功教育的重要条件。自 2002 年起，《感动中国》每年从社会各行各业推选出十位人物，教师的身影从未缺席过颁奖台，他们的事迹温暖着中国，感动着我们。

"学为人师，行为世范"，是我国知识分子人格修养的标准和精神追求。《中国高校百科》里写道，"学是指每位师生应具有的学问、知识和技能，学为人师，就是要使学能成为后学的师表。行是指每位师生应具有的品行，行为世范，就是要方方面面，时时刻刻，都光明正大，能够成为社会中的模范。"所谓师德，是教师应有的道德和行为规范，是社会道德体系的组成部分，是学生道德修养的楷模。师德高尚者，将会时时处处以传递文明为己任。2008 年，汶川地震，"最美乡村教师"在危难时刻，用无私向世人展示人民教师的高尚品格，他们用鲜血甚至生命维护了教师的尊严。

近年来，师德失范事件多发，从幼儿园到中小学，再到大学，各种违背行业准则的事情不仅玷污了教师群体形象，更给国家的教育事业抹黑。老师不仅"传道授业解惑"，更应该在思想引领上"润物无声"，教育想入脑入心就要强调师者的人品与素质，"做学问先做人"，类似的忠告来自于老师，可个别人在要求他人的同时却放松了自己。在庞大的教师群体中，出现的只是个例，值得欣慰的是，相关学校不遮丑，立刻调查，教育部门不回避，立刻追责，力求为全社会营造一个健康、公平的教育环境。

教育部在《关于进一步加强和改进新形势下高校宣传思想工作的意见》精神座谈会上表示，高校教师必须守好政治底线、法律底线、道德底线，决不允许各种违反宪法和法律的言论在大学课堂蔓延，决不允许教师在课堂上发牢骚、泄怨气，把各种不良情绪传导给学生。学术无禁区，课堂有纪律，在当前教育环境中，在意识形态较量中，老师是冲在最前沿的，也是最主要的力量。

必有邻 德不孤

画 菊

（宋）郑思肖

花开不并百花丛，独立疏篱趣未穷。

宁可枝头抱香死，何曾吹堕北风中。

修德，出自《左传·庄公八年》，解释为修养德行、行善积德。

2003 年 9 月 11 日，中央精神文明建设指导委员会决定，将中央印发《公民道德建设实施纲要》的 9 月 20 日定为"公民道德宣传日"。

"国无德不兴，人无德不立。"德，不仅是"立身"之本，更是"立国"之基。"为政以德，譬如北辰，居其所而众星拱之。"孔子的这句话体现了我国政治思想的特点。我国的传统文化是非常重视立德修身的，"国有四维，礼义廉耻。四维不张，国乃灭亡。"做人需要品德，从政需要官德，而治国需要的，就是每个人内化于心、外化于行的社会主义核心价值观。

《菜根谭》里有两句话，第一句是"不能养德，终归末节"。大意为一个人不论如何清高或有学问，若没有高尚的品德，缺少大公无私、甘于奉献的精神，仅限于一己之私，一隅之见，那么这种清高和学问就失去了意义，成为不受重视的"血气之私，技能之末"，也就是微不足道的刚愎自用和雕虫小技罢了。第二句是"修身种德，事业之基"。解释为一个人的高尚品德就是他一生事业的基础，如同兴建高楼大厦一般，不先把地基打得稳固，绝对建不成坚固耐久的房屋。从这两句话不难看出，修德对于个人发展，事业进步是多么重要。

"人之初，性本善。性相近，习相远。苟不教，性乃迁。教之道，贵以专。"这几句话的意思是，人生下来的时候都是好的，只是在成长过程中，后天的学习环境不一样，性情也就有了好与坏的差别。如果从小不好好教育，善良的本性就会变坏。为了使人不变坏，最重要的方法就是要专心一致地去教育孩子。曾经面对世风日下的社会，孔子提出了自己的四大忧虑"德之不修，学之不讲，闻义不能徙，不善不能改，是吾忧也"。孔子首先提修德，就是告诫众生提高自己的道德水平，完善自己的人格，进而造福社会。教育是守护社会精神文明的底线，教育出的学生是什么样，未来社会就是什么样。在立德树人的过程中，教师的作用十分关键。习近平总书记说："要引导教师把教书育人和自我修养结合起来，做到以德立身、以德立学、以德施教。"身为学生引路人的教师更要修德，修好德，坚定立德树人的理想信念，保持为人师表的优良品质，秉持知识分子应有的职业操守，常修为师之德，常敬为师之业，常思为师之道。

"以德修身、以德立威、以德服众，是干部成长成才的重要因素。"百行以德为首，在道德问题上，党员干部，特别是领导干部无疑应该比普通群众有更高的标准和要求。习近平总书记指出，"道德问题是做人的首要的基本问题，道德情操与生活情趣是密切联系在一起的。许多腐败分子走上犯罪道路，大多是从操守不严、品行不端、道德败坏开始的。"新时代，党员干部要解决好保持高尚道德情操和健康生活情趣的问题，不断修炼政治品德、职业道德、社会公德、家庭美德和个人品德，始终保持蓬勃朝气、昂扬锐气、浩然正气，用自己的模范行为和高尚人格感召群众，引领风尚。

修德对于个人十分关键，对于政党的事业至关重要，作为拥有9500多万党员的执政党，党员德行的高低决定经济建设的进程与综合国力提高的速度，关乎社会公平正义，关乎国家兴衰存亡。习近平总书记曾深刻指出："在历史的长河中，那些帝国的崩溃、王朝的覆灭、执政党的下台，无不与其当政者不立德、不修德、不践德有关，无不与其当权者作风不正、腐败盛行、丧失人心有关。"越是有权力有学问的人，德行越重要，知道越多害人越深，权势越大破坏越广，比如出生于书香世家，有着极高艺术造诣的康生，成为反革命集团的成员，再比如中共一大代表周佛海，一生投三主，沦为汉奸。修德不看身份地位，是任何人的必修课。

"道不可坐论，德不可空谈。"做人做事第一位是崇德修身，明大德，铸牢理想信念；守公德，履行社会义务；严私德，锤炼意志品质。热爱祖国、服务人民是大德；遵纪守法、助人为乐是公德；修身律己、谦虚谨慎是私德。"穷则独善其身；达则兼济天下"是孟子的观点，梁启超在《新民说》中也提到，"人人独善其身者谓之私德，人人相善其群者谓之公德"，独善其身是私德，相善其群为公德，私德连着公德，没有私德不能立足，没有公德不能群聚，修德既要立意高远，又要立足平实。

"种树者必培其根，种德者必养其心。"《传习录》以种树培根为喻，说明道德修养要从心底开始。党的十八大以来，习近平总书记在不同场合嘱咐广大青年要修德。在北京大学师生座谈会的讲话中说："青年要自觉践行社会主义核心价值观，要在勤学、修德、明辨、笃实上下功夫。"在纪念五四运动 100 周年大会上，习近平总书记又说："青年要把正确的道德认知、自觉的道德养成、积极的道德实践紧密结合起来，不断修身立德，打牢道德根基，在人生道路上走得更正、走得更远。"

当代青年对党的忠诚，对祖国的热爱不能仅体现在思想汇报里，而是应拒绝做精致利己主义者，在大是大非前旗帜鲜明、理智清醒，对家人的关爱不全是在节日发朋友圈晒照片，而是日常的嘘寒问暖，更是自尊自爱，少让亲人担心；对老师的尊重不光是称谓，还要体现在按时上下课，认真听讲，把知识转化为能力上；对朋友的关心不是起哄怂恿，而是有错就立刻指出。还有爱护公共设施、网上的言语等，这些都是德行的体现，简言之，表里如一，就是修德。

青年的发展决定国家的发展。五四运动唤醒了中国人民，特别是进步青年，他们以救国救民、变革社会为己任，审时度势，探求方案，体现了"天下兴亡，匹夫有责"的担当精神。"华北之大，已经安放不得一张平静的书桌了！"蒋南翔在《告全国民众书》中，悲愤地喊出了青年学生的共同心声，1935 年 12 月 9 日，北平数千大中学生以"为祖国自由而奋斗"的担当精神，举行了抗日救国示威游行，掀起全国抗日救国新高潮。一二·九运动得到了全国学生的响应和全国人民的支持，中国共产党领导的这次大规模学生爱国运动，推动了抗日民族统一战线的建立，极大地促进了中国人民的觉醒。

"世界是你们的，也是我们的，但归根结底是你们的。"历史的责任终究还是落到青年一代的肩上，无论是五四运动、一二·九运动，还是新中国建设、改革开放，青年始终是一股强大的力量。习近平总书记强调，"青年一代有理想、有本领、有担当，国家就有前途、民族就有希望"，体现了总书记对青年的殷切嘱托。"代表广大青年、赢得广大青年、依靠广大青年是我们党不断从胜利走向胜利的重要保证"，体现了总书记对青年的高度赞赏。"中华民族伟大复兴的中国梦终将在一代代青年的接力奋斗中变为现实"，体现了总书记对青年寄予的厚望。

"立志而圣则圣矣，立志而贤则贤矣。"习近平总书记多次强调，要志存高远，立鸿鹄志。广大青年肩负新时代赋予的使命，要树立与时代主题同心同向的理想信念，把国家富强、民族复兴放在心中最重要的位置，深刻认识中国特色社会主义的历史必然性、科学真理性和现实优越性，增强"四个自信"，做实现共产主义远大理想和中国特色社会主义共同理想的奋斗者，为中华民族的伟大复兴贡献智慧和力量。

勤俭日谈家风

公历十月三十一日

悯　农

（唐）李绅

锄禾日当午，汗滴禾下土。

谁知盘中餐，粒粒皆辛苦。

联合国 2006 年确立世界勤俭日，旨在号召人们勤俭节约以共同应对日益严重的资源危机，进而促进社会的健康可持续发展。

古人云："俭，德之共也；侈，恶之大也"。诸葛亮把"静以修身，俭以养德"作为"修身"之道。毛泽东同志以"厉行节约，勤俭建国"为治国的经验。

勤俭节约的道理谁都懂，但又完全做不到，人们生活水平提高了，奢靡享乐、铺张浪费成为新难题。日常生活中，无节制消耗资源的浪费现象无处不在，比如水龙头不拧紧，电脑不关，空调 24 小时运转，公共场所长明灯现象，等等，限塑令没有唤醒更多人的节俭环保意识，餐桌上的浪费更是触目惊心。当"谁知盘中餐，粒粒皆辛苦"成了劝诫的标语，当撕书成了减压方式，看着漫天的纸片如雪花一般飘下，不禁要问，勤俭节约的传统美德到哪去了？黄金本无种，出自勤俭家。勤俭不是小气，而是文明，"勤俭家"不只是门匾，而是家庭名片。勤俭节约既是中华民族的优良传统，也是现代文明的内在诉求，对勤俭节约这样的家风有认同感的家族才有凝聚力与向心力。

党员干部，尤其是领导干部的一言一行更具影响力。"祸患常积于忽微"，反腐纪录片《永远在路上》反映了党的十八大以来，党中央把全面从严治党提升到"四个全面"战略布局高度，正风肃纪，一查到底的纠正"四风"的情况，其中第三集《踏石留印》深刻剖析了由大吃大喝到奢侈腐化、违纪违法的过程。出入高档会所，只喝年份酒，一顿饭动辄数万元，甚至数十万元，把勤俭节约的优良作风抛在脑后，享乐主义作祟，沦为阶下囚，这些案例告诫党员干部，落实中央八项规定精神是严肃的政治纪律。习近平总书记提出厉行节俭、反对浪费的要求，指出："联想到我国还有为数众多的困难群众，各种浪费现象的严重存在令人十分痛心。浪费之风务必狠刹。"

"一粥一饭，当思来处不易；半丝半缕，恒念物力维艰。"提倡节俭，并不是让大家节衣缩食、故作姿态，而是反对无度挥霍，暴殄天物。爱面子，讲排场成为公众诟病已久的陈规陋习，请客吃饭，不论几人，都要摆满一大桌，剩下一堆还要说菜太少，没吃好。"俭则约，约则百善俱兴；侈则肆，肆则百恶俱纵。"个别领导干部办公室超标，违规用车，为了显摆身份、地位，戴名表、开豪车、住豪宅，出门前呼后拥，爱搞形象工程，这些劳民伤财的奢华排场都属于腐败。

"历览前贤国与家，成由勤俭破由奢"。唐朝诗人李商隐一句话概括了节俭于国于家的重要意义。商纣王酒池肉林，为博妲己一笑不惜撕破千绢万帛，骄奢淫逸导致社稷崩溃，江山易主；隋炀帝大兴土木，劳民伤财，整日歌舞，纵情女色，以致天下大乱；宋徽宗过分追求奢侈生活，热衷笙歌宴席，游历仙山琼阁，以致家国破亡；慈禧太后60岁生日，花白银1000万两，且"量中华之物力，结与国之欢心"，加速清朝灭亡。唯有清廉，能抵挡住物欲横流，中国共产党走过了筚路蓝缕的创业岁月，但不能丢掉勤俭节约、艰苦奋斗的传家宝。

不论时代发生多大变化，不论生活格局发生多大变化，我们都要重视家庭建设，注重家庭、注重家教、注重家风。忠厚传家久，诗书济世长。2014年春节期间，央视《新闻联播》新春走基层推出过一个特别节目，"家风是什么？"这个看似已淡出公众视野的词语成了最火的话题。家风就是家庭的风气，一家人互相影响形成的价值观与行为准则，家风是中华民族传统美德的现代传承。

老一辈革命家刘伯承身体力行地奉行勤俭节约家风，衣服经常是袖口磨破，领口洗得发白，孩子读中学时，家里基本不给零用钱。为防止家人占国家便宜，家里曾专门贴了一张告示，"儿女们，这电话是党和国家供你爸爸办公用的。你们有私事绝对不许用这电话。假公济私是国民党的作风，不许带到我们家里来。"儿女结婚之前，刘伯承立下规矩，子女结婚后一律到自己工作单位去住，他多次向孩子解释，家里的优裕条件是党和国家为照顾我而安排的，你们结了婚就不要住在这里。他用言传身教、以身作则的方式让孩子们学会了如何正直做人、原则做事。

习仲勋勤俭节约的家风深深影响了身边的人。1986年，人民日报社的一位记者随习仲勋等领导人参加活动时写道："按习仲勋要求，他不单独开套间由省领导陪着吃饭，而是和代表团全体成员在一个大圆桌一起进餐。饭桌上只有几道凉菜，每位前面多了一大碗羊肉汤和一个馍，让每位来宾自己手撕馍往汤里放。习仲勋吃得津津有味，第一次和他共进晚餐，我感受到习仲勋的俭朴作风。"习近平总书记的母亲齐心同志在回忆录中写道："我们的两个儿子从小就穿姐姐穿剩下的衣服或花红布鞋，就是在仲勋的影响下，勤俭节约成了我们的家风。"在延安时代和新中国成立初期，习仲勋常常在家庭饭桌上高声吟诵"锄禾日当午，汗滴禾下土。谁知盘中餐，粒粒皆辛苦"。围坐在桌前的孩子们也稚气地和起来："春种一粒粟，秋收万颗籽。四海无闲田，农夫犹饿死。"优良的祖训家风，数十年的身体力行，如涓涓流水，细雨春风。

出身革命家庭的习近平总书记，家风朴素，父母身体力行的勤俭深刻影响着他的价值观和生活方式。据报道，2001年，习仲勋举办88岁寿宴，时任福建省省长的习近平因公务繁忙缺席，抱愧给父亲写了封祝寿信："从父亲这里继承和吸取的宝贵与高尚品质很多。""学父亲的俭朴生活。父亲的节俭几近苛刻。家教的严格，也是众所周知的。我们从小就是在父亲的这种教育下，养成勤俭持家习惯的。这是一个堪称楷模的老布尔什维克和共产党人的家风。这样的好家风应世代相传。"

习近平总书记说："家和万事兴、天伦之乐、尊老爱幼、贤妻良母、相夫教子、勤俭持家等，都体现了中国人的这种观念。"家风是代代相传沿袭下来的精神风貌与道德品质，倚靠家族成员向上向善向好的自觉维护，同样也需要家训、家规的约束，家训、家规就是家教，"无形的家风必须依赖有形的家教而得以流传并发扬光大"。《家风耀中华》展览在天津博物馆开幕，展现了圣贤先哲修身齐家的博大情怀、革命前辈言传身教的高尚品德、历史名人恪守传承的人生境界和普通百姓世代相传的做人操守。第二部分"家风与党风"里"从严治家""勤俭持家""厚德传家"三个单元集中展示了毛泽东、周恩来等老一辈无产阶级革命家克勤于邦、克俭于家，以身作则、严于律己，以自己的言传身教树立优良家风的事迹。

"家风好，就能家道兴盛、和顺美满；家风差，难免殃及子孙、贻害社会。"良好家风既是砥砺品行的"磨刀石",又是抵御贪腐的无形"防火墙"。《永远在路上》曝光的很多落马官员都呈家族式的腐败,配偶、子女、亲属的私欲加速贪官的灭亡,习近平总书记在十八届中央纪委六次全会上强调,"每一位领导干部都要把家风建设摆在重要位置,廉洁修身、廉洁齐家,在管好自己的同时,严格要求配偶、子女和身边工作人员","家风败坏往往是领导干部走向严重违纪违法的重要原因"。总书记的这句话,直指要害。家训是家庭的核心价值观,家规是家庭的行为标准,如果全家人都无视规矩,觉得什么都无所谓,小问题必将酿成大祸,"家风纯正,雨润万物;家风一破,污秽尽来"。家风好,则族风好、民风好、国风好,由此可见家风是民风社风的根基,是社会和谐的基础。

我的老家在甘肃一个小山村,自然环境不好,生活条件落后,人们过着日出而作,日落而息的生活。走在村中小巷,会发现无论是高墙大院的砖瓦房还是土坯矮墙的茅草屋,门楣上都会刻着三个字,就像徽章一样镶嵌着,"耕读第""勤俭家"是最常见的内容,这些"门窝儿"不是装饰,更不是附庸风雅,而是祖辈们用生活经验凝练出的家风,默默地传递着一代代人耕读传家的美好向往和勤俭持家的优良美德。在农业社会,庶民在"民生在勤,勤则不匮"的影响下耕地持家,读书人则秉承"达则兼济天下,穷则独善其身"的理想而读书,千百年来形成了"耕读传家久,诗书继世长"的传统家风。"耕田可以事稼穑,丰五谷,养家糊口,以立性命;读书可以知诗书,达礼义,修身养性,以立高德。"

历史前进的车轮让我们告别了炊烟袅袅、鸡犬相闻的农耕社会,步入技术变革、经济飞速发展的工业时代及信息时代。今天,很多人已经远离田间劳作,农业也越来越多融入科学技术与现代化工具,但耕读并重的概念不能因此淡忘，现代社会的"耕"可以理解为在自己从事的领域做好工作，"读"指博览书，学为人之道，"耕读"意为学做事，学做人。清朝乾隆年间的大学士纪晓岚写过一副对联"一等人忠臣孝子，两件事读书耕田"。耕田是生活，解饥肠辘辘，读书是事业，满精神之需，无论是有形的"耕读第"牌匾，还是无形的文化影响力，家风一直伴随着我们的生活，代代相传，生生不息。

从勤俭谈到家风，勤俭不是小气，而是文明。"家国情怀、家庭和睦、勤俭持家"，这三个词涵盖了习近平总书记的家风，也凝聚了"使千千万万个家庭成为国家发展、民族进步、社会和谐的重要基点"的殷切期待。

宪法日谈法治

公历十二月四日

乐记·乐施

（西汉）司马迁

　　天地之道，寒暑不时则疾，风雨不节则饥。教者，民之寒暑也，教不时则伤世。事者，民之风雨也，事不节则无功。然则先王之为乐也，以法治也，善则行象德矣。

　　宪法是国家的根本法，是治国安邦的总章程，是党和人民意志的集中体现。2014 年 11 月 1 日，十二届全国人大常委会第十一次会议表决通过决定，将 12 月 4 日设立为"国家宪法日"。这是为了增强全社会的宪法意识、弘扬宪法精神、加强宪法实施、全面推进依法治国。

　　主旋律的电视剧火了，一部描写当下社会政治生态的作品在满屏综艺类节目中脱颖而出，尤其让众多年轻人追剧，确实出乎意料，跌宕起伏的剧情圈粉无数，今天就结合反腐剧《人民的名义》谈谈法治。

　　法治是先秦时期法家的政治思想，主张以法治国，强调法律制度在国家治理中的权威地位。法律面前无特殊，"无论牵扯到谁，决不姑息"。这是剧中省委书记沙瑞金的一句话。平易近人、成熟稳重的省委副书记兼政法委书记高育良，这位原本洁身自好的学者型官员随着职务升迁，忘记了党的宗旨，忘记了自己手中的权力是人民赋予的。逐步淡薄法治观念，明修栈道暗度陈仓，向组织隐瞒个人情况、滥用职权，在权色中迷失自我，最终被腐蚀下水，尽管试图竭尽全力远离犯罪深渊，但终究未能逃出罪恶的魔爪。不论什么人，不论其职务多高，只要触犯了党纪国法，都要受到严肃追究和严厉惩处，十八大以来，一批高级官员因严重违法违纪落马，多位省部级高官相继被查，这是党中央全面从严治党、狠抓惩治腐败的结果。刀刃向内，党中央反腐的决心坚若磐石。

"法令行则国治，法令驰则国乱。"作为党员干部，尤其是领导干部，国家发展的中坚力量，更要在法律的范围内行使权力。剧中副市长丁义珍案发出逃美国，本以为得到自由，没想到举步维艰，终日提心吊胆，为了生存在餐厅打杂，就这样也没逃出被灭口的命运。曾呼风唤雨的人物沦落到如此境地，这是现实中很多贪官的真实写照。丁义珍的原型是辽宁凤城市委原书记王国强，违纪违法潜逃美国两年半后投案自首。专题片《红色通缉》里，外逃的百名红通，哪个不是度日如年，除了内心煎熬，行动也会受到限制。"外逃腐败分子带走的大量资金，都是老百姓的血汗钱，决不能让他们肆意挥霍。即使带出去的赃款糟蹋得差不多了，也得把人弄回来，依照党纪国法给予严惩。"这是中纪委追逃工作的底线，绝不会让腐败分子躲进"避罪天堂"。

起初很多观众都认为市委书记李达康也是腐败分子，他的身上有很多疑点，随着剧情深入，才发现他是有远大抱负的人。他大刀阔斧改革，一心发展经济，但贡献不能替代错误，不能只顾追求 GDP 忽略党性锻炼，家风不严导致妻子受贿，用人失察导致下属腐败，他只关心经济，不管是否藏污纳垢，有些不择手段的做法客观上成为腐败的保护伞。守纪律，讲规矩是对党员干部的重要考验，李达康作为主政地方的重要领导，更要做到守土有责、守土担责、守土尽责，抓好廉政风险点，不仅要保护好自己的羽毛，更要管好身边的人。

守法护法不仅是普通公民的责任和义务，也是执法者和管理者共同遵守的准则。曾经的战斗英雄，在任的公安厅厅长祁同伟，忘记初心，利用职务之便牟取利益，处心积虑经营利益圈子，一心想要登上副省长职位的他，在个人私欲驱使下，在权力关、金钱关、美色关前丧失原则，还有光明公安分局局长程度，假公济私，滥用权力，甘为利益集团的爪牙。执纪执法者犯法、懂而不守，危害更大。"国无常强，无常弱。奉法者强则国强；奉法者弱则国弱。"法治越完善的社会，就越没有特权，执法者要约束自身的"特权意识"和"特权行为"，不要再把自己置于公民之上，正人需先正己，这样才能在群众中保持公信力，使人民群众信服。

现实生活中，有很多红线都不能触碰。比如，个别人为吸引网友眼球，以揭秘、起底为噱头制谣、传谣，发布虚假信息，扰乱社会秩序。剧中郑胜利成立的阿尔法公司就是在网络上煽动网友情绪，在大风厂火灾时传谣，因阅读量超过500受到警察调查。郑胜利代表着新一代熟悉新媒体并游走于法律边缘的年轻人，他们从思想上认为这是小事，其实不然，网络空间同现实社会一样，既要提倡自由，也要保持秩序，网络空间不是法外之地，依法治网是中国推进社会治理体系现代化的重要组成部分，任何人都应遵守法律规定。

"禁微则易，禁末者难。"小病早医，无病早防。剧中陈海的儿子小皮球，在学校里老是调皮捣蛋，每次闯完祸，都要侯亮平去解决，他在走廊里踢球，踢碎了教室玻璃，侯亮平被校长叫到学校，也因此得知必须给队长 15 元钱才能上场踢球的事，学校也受到不良风气的影响。邓小平同志曾反复强调，法制教育要从娃娃开始，我们的小学、中学都要进行这个教育。学校是育人的地方，除了文化知识，还要积极有效地加强对青少年的法制宣传教育，使他们知法、学法、守法、用法，培养他们的法治教育意识和法治观念，使他们养成遵纪守法依法办事的习惯。

"诚欲正朝廷以正百官，当以激浊扬清为第一要义。"党的事业，兴在干部作风、衰也在干部作风。领导干部必须牢固树立底线意识，牢记越线的严重后果。剧中的市中级人民法院副院长陈清泉喝完酒后寻欢作乐，被警察抓个现行，在大风厂股权纠纷一案中，他利用手中权力帮助利益集团胜诉，利用权力交换安排自己妹妹职务升迁。领导干部不仅要守住法律底线、纪律底线，更要守住道德底线，现实中一些领导干部法治意识淡薄，酒后丑态百出，大放厥词，甚至聚众赌博、寻衅滋事，因其特殊身份成为舆论焦点，严重影响了党和国家的形象和威信。沙瑞金和李达康谈到"谁来监督一把手"，反映了现实中的政治问题，咬耳扯袖、红脸出汗是新形势下党员干部批评与自我批评的新常态，权力越大的领导干部越要多听别人意见，自我膨胀与监管缺失会迷失方向。

"法者，治之端也。"治国必先治党，治党务必从严，从严治党关键在从严执纪。我国已经全面开启依法治国，习近平总书记强调："治理一个国家、一个社会，关键是要立规矩、讲规矩、守规矩。法律是治国理政最大最重要的规矩。"

宽容日谈原则

公历十一月十六日

绝　句

（宋）蔡州道人

烂柯真诀妙通神，一局曾经几度春。

自出洞来无敌手，得饶人处且饶人。

联合国教科文组织设立国际宽容日的目的在于强调在多元化社会里，应通过普及宽容方面的教育，使人们和谐、和平地生活在一起。苏联作家苏霍姆林斯基说过，"宽容产生的道德上的震动比责罚产生的要强烈得多"。在浮躁与喧嚣中，宽容对和谐社会有着极其重要的意义，都说宽容是修养，是美德，网上检索宽容二字，出来的不是散文就是名言警句，宽容对人对己都是台阶，今天，谈谈宽容该有的原则。

所有人在谈宽容时都振振有词，劝别人时也会大谈特谈，但到了自己身上，却很难做到宽容、理解，是修养不够吗？是品德不高吗？都不是，而是自己没有处在事物的矛盾中，体会不到，也控制不了。相声演员郭德纲有一段四分多钟的采访，其中有一句话，大意是这样的，"有的人在什么都不了解的情况下，就告诉你要大度，人都是事不关己，高高挂起，这种人你要离他远一点。"大白话，但很有道理，我们总是在并不了解真相的情况下，主观下定论，以经验给建议，以"鸡汤"来劝人，仔细想想，这就是一种不负责任。

农夫看见一条冻僵的蛇，觉得它很可怜，就小心翼翼地揣进怀里，用身体温暖，蛇恢复生机后暴露本性，狠狠地咬了恩人一口，农夫临死之前说："我竟然救了一条可怜的毒蛇，就应该受到这种报应啊！"这则寓言告诫我们要明辨是非，蛇也有落难的时候，对它伸出援助之手就是愚昧。杭州保姆纵火案就是现代版的"农夫与蛇"，一个保姆赌博成性，为获取赌资曾盗窃三名雇主家中财物，均被发现后辞退，并没有追责，所以没有人知道她这个恶习。到了新雇主家，以买房为由向主人借了十余万元，挥霍一空之后，继续盗窃主人财物，第一次被发现时，善良的一家人没有报警，还原谅了她并继续留用，第二次又盗窃家中名表、金器被发现，主人没有报警，仅仅是辞退。结果她的一把火毁了一个家庭，再三的宽容成了纵容。宽容要分清对象，对罪恶的宽容就是对善良的亵渎，宽容绝不能成为罪恶的助推器。

2016 年的儿童节，一则新闻引起关注，"身上仅存 5 元钱的母亲，在超市偷了一点杂粮、一个鸡腿还有一本儿童读物，准备送给患有肾病的女儿当礼物。办案民警发朋友圈表示这是抓到最让人心酸的小偷，大家听说后纷纷捐款捐物，两小时之内捐款 30 万"。该不该宽容，这件事给公众留下很大的思考空间。偷窃确实违背了法律，法不容情，应受到惩罚，给民警的坚持原则点赞，但母爱确实伟大，警察执法之余，主动发起捐助，不少网民们闻说这件事后，踊跃捐款，充满人间大爱。宽容应该在法治精神之下，法律负责规范秩序，社会承担救济，这是兼顾"理"与"情"的社会常识。

　　校园霸凌一直以小孩子不懂事而模糊化，我们冷静下来分析一下，这些"校园霸王"是怎样成长起来的，欺负他人的心态是怎样形成的，骄横跋扈的毛病是怎样养成的。在教育中，我们一直当学生是孩子，就算犯了大错，更多也是从年龄上考虑，可对于"另类"来讲，批评教育只是隔靴搔痒，方式过于温和，起不到什么明显作用。宽容得到的不是悔改，而是升级。不久前，两段学生群殴老师的视频上传网络，性质恶劣，下手凶狠，这本是证据确凿、严惩不贷的事，可最后的处理结果让人大跌眼镜，学校出面调解，家长赔礼道歉，更意外的是出于不影响这些学生参加高考的原因，教育局和学校竟然给被打的老师做工作，让他暂时不报警，等高考结束后再处理，这是教育部门该有的方式吗？请问，劣迹斑斑的问题学生送进高校，出了问题谁来承担？在我看来，这不是宽容，而是纵容，是推卸责任的表现，迂腐的宽容会造成犯罪。

　　宽容是有度的，一个自认为要宽容的老师，往往会走进迁就的误区，教育的责任是让人明白要为自己的行为负责，要承担个人造成的后果，教师的职责是要发现苗头及时制止，以免酿下大祸。监考结束后，走在人群中，听到同学们的议论，有的说，"监考老师就像谁欠他钱一样，那么严"。也有的说，"老师脑子是不是进水了，一直抄，他都看不见"。严与不严都会遭到吐槽，但我宁愿做前者，以严格的规矩来保证公正。给犯错的人一次机会是宽容，不是迁就，当对方一而再、再而三地犯错，甚至还是同样的错误，再去宽容就成迁就了。有的同学迟到早退、旷课不来，老师一次次约谈不见效，这样无限度的宽容只会让有错的人感觉不到自己的过错。宽容是有必要的，是必须的，但应该是有限度的。

　　雨果说，"世界上最宽的是海洋，比海洋宽阔的是天空，比天空更宽阔的是人的胸怀"。这句话浪漫且有意义，宽容不是软弱无能，束手无策，而是一种海纳百川的大度，是建立在自信、助人和进步基础上的适度宽大。宽容没错但要有原则，无底线的宽容就成了妥协。在检查宿舍安全隐患及卫生过程中，每次都会遇到挠头的问题，使用违禁电器和随地扔烟头的现象屡禁不止，尽管采取很多措施，收效甚微。有同学说，"我不评奖学金，我不入党，我不考研究生，你们能拿我怎样"？我想说的是，安全问题零容忍，在这件事情上闯祸可是要承担法律责任的，动员千次不如问责一次，不是所有错误都能被原谅，不要在无原则的基础上乱宽容，"大事讲原则，小事讲风格"是该有的态度。

古代有两邻居争地建房，互不相让，其中有一人写信给京城做官的兄长，要求出面干预，但其兄长的回信只写道："千里修书只为墙，让他三尺又何妨？万里长城今犹在，不见当年秦始皇。"其弟听从兄长的劝说，建房时退让三尺，结果感动对方，也退让三尺建房，两家从此和睦如初，这就是六尺巷的故事，这个故事告诉我们，宽容礼让是一种美德。开车以来最讨厌两种人，加塞的人和不让我加塞的人。司机都有过这样的经历，如果旁边的车想变换车道，就本能反应加速跟上去，不让他超，而换成自己，则希望别人行个方便，这一前一后的变化就是所处位置不同，剐蹭等事故十有八九都是这样造成的。"宁等一分，不抢一秒"的宣传标语也是在告诉我们宽容礼让是一种美德。

"宰相肚里能行船，将军额头跑得马"，"退一步海阔天空，忍一忍风平浪静"。写到最后还是要强调一下，四川青城山有副对联"事在人为，休言万般皆是命；境由心造，退后一步自然宽"。这句话告诉我们"大其心能容天下之物"。

今天你问候了吗？

送杜少府之任蜀州

（唐）王勃

城阙辅三秦，风烟望五津。

与君离别意，同是宦游人。

海内存知己，天涯若比邻。

无为在歧路，儿女共沾巾。

世界问候日的宗旨本是为了停止战争，以和平方式解决分歧，时至今日，已有 146 个国家响应"世界问候日"，已发展成为人们之间互发问候、促进感情的一个重要节日。联合国还曾经发行过一套"世界问候日"邮票，希望人们借助信件传递友爱，给每个人都带去一片好心情。一声问候能让忙碌的我们感受到朋友的关怀。问候是一种交际方式，交际是一门艺术，更是情商的表现。

大学，学习和交际哪个重要？有的同学不愿把时间"浪费"在与人交往中，两耳不闻窗外事，一心只读圣贤书，有的认为交际就是迎来送往、趋炎附势，把学生会看成"功利场"，学生活动是"不务正业"，师生关系不错就是"谄媚"与"利用"，还有的人认为交际就是拿钱办事。同样也有人把更多的精力都放在交际上，他们的观点是学的东西没太大用，很多人将来从事的职业都不是大学所学专业，所以这四年重要的是锻炼自己的交际能力，人脉才是王道。还有不少同学觉得交际很难，尤其是"00后"的独生子女，宿舍里经常发生一言不合就发飙的事，同学之间关系紧张影响心情，甚至产生厌学、抑郁等，交际困难成为严重的心理障碍。

有同学向我吐槽，同宿舍的人经常让他帮着带饭、带水果，10块8块，钱也不多，可每次都不给或者说下次一起给，起初并不介意，可时间长了，仍没有还钱的意思，他也不好意思提，总觉得追着人要钱伤了和气。有个同学很苦恼，她很关心同学，但对方不领情，因为同学买了一套化妆品，她见后提醒，说有些成分超标，价格又不便宜，同学没在意，可她每次见了都要提几句，同学的态度也由开始的感激渐渐冷淡，最后变为反感。还有个毕业生找我抱怨，工作后经常要参加各种聚会，从起初的兴奋到后来的疲惫，每月工资也超支，更没有时间读书充电，不去又担心朋友有意见，他很无奈。

第一种情况就不属于交际，是品质问题，可以大大方方地告诉对方，自己的钱也是父母给的生活费，何况也没有义务天天伺候你。而第二种交际的失败，应该自我反省，心理学有一个"心理卷入程度过高"的词语，意为个人在心理上与环境的关联程度过高，过度为他人操心和受他人影响的心理，习惯性地过度关心别人生活，这种行为本身就是不健康的，一次提醒是关心，反复说则是"病"了。至于第三种，有朋友圈固然好，但要根据自己的定位选择参加，以牺牲自我为代价换来的合群毫无意义，所谓"死党"是因为有着共同的价值观或目标，不是有事没事的吃吃喝喝。

学习是学生的天职，但不是唯一，只会学习不懂社会不是目标，与提倡素质教育的培养模式已背道而驰。很多学霸稍微遇到点困难就紧张不安，不好意思与人沟通，毕业找工作，一面试就"见光死"，只生活在个人的小世界里，生活能力、表达能力与学习成绩成反比。学霸本能地认为自己成绩好，本应得到各种奖励，本应受到重视，毕业后本应被用人单位"哄抢"，而实际上那些口齿伶俐、善于言谈的同学更容易走在前面，学霸们深深地陷入痛苦中，"我这么优秀，发展却不如他们，到底输在哪里"？除去客观因素外，交际能力成为短板。

这么看，大学里的交际比学习重要，我也不敢苟同，如果只是为了搞人际关系，可以不必来学校，学校环境太过单一，在社会上打拼能接触到形形色色的人，能更好地培养交际能力。也许你会认为，同学这个朋友圈会有无限可能，但你有没有想过，大学里更看志同道合。人以群分，物以类聚，如果喜欢科技，身边聊得来的多是些电脑高手，交际圈自然都是些科研达人，如果爱玩网游，共同语言多的都是些游戏高手，经常见到这个学院的学霸和那个学院的第一成了好友，几个学院的文艺骨干总凑在一起，这种"小圈子"源于他们的兴趣爱好，这种交际实为"知识交换"。

"以心相交者，成其久远。"不要把学校的交际寄托在毕业几年后，同学中有人当了官，发了财，会伸手拉一把，这个出发点本身就是错误的，权势与金钱不能让友谊长存，而是真心待人。还有，看似未来风光无限的朋友圈是一群更为优秀的人组织在一起的。如果你上学不够努力，工作不够优秀，那同学之间则成了"不公平的交换"，双方都累，一方会不自觉地陷入索取，另一方则选择躲避。如果上学时只会钻营，未来不会有太大潜力，毕业后的交际也只是吃喝玩乐的酒肉朋友。

在朋友的引荐下认识了一位名人，寒暄之后互留微信，我一直以自己的朋友圈里能有位影视明星为荣。逢年过节发个问候，虽然他从没回过，但我也不介意，直到发送失败发现被删除后，我才意识到，这些社交其实没什么用，只是逢场作戏，甚至连客气一下都没有。这提醒我不要不顾自身实际去交际，如果不够优秀，各方面相差悬殊，交际会很累，人脉也可能不值钱。人脉不是找的，而是吸引来的，与其每天大把时间研究对方，不如做好自己，五年、十年，厚积薄发，那时你会惊喜地发现，有意义的交际会主动找上门来，拼搏努力是交际的途径。

人们习惯于将智商作为人才衡量的标准，现在社会，人才的标准不仅是智商，还包括情商，交际能力则属于情商范畴，情商并不是"处事圆滑"，而是要从控制自我情绪的能力、感知他人情绪的能力、影响他人情绪的能力三个维度去衡量。情商和智商都重要，智商决定人的下限，而情商决定人的上限，一个水桶无论有多高，它盛水的高度取决于其中最短的那块木板，发展需要遵循全方位的"木桶定律"。

有一个小故事这么写道，"这地球上如果只留我一个人那该多好，再也没有与别人打交道的烦恼了，多么自由自在。可没有妻子会寂寞的，那就留一个女人做妻子，比翼双飞多快乐。快乐不会太久的，没人给你烤面包，那再留一个面包匠。没人给面包匠提供面粉，他烤不了面包，再留一个农夫，没人给他打农具，留铁匠没碳……好了好了，别说了，全留下吧。真没办法，美梦终究不成，不与人打交道不行，还是学会与人打交道为好。"

"世事洞明皆学问，人情练达即文章。"世事、人情和书本的知识一样重要。最后想说，还有一种人，当你困难时，会帮助你，当你功成名就时，会祝福你，这些是真正的朋友，之间的关系不是交际，是感情，他们无所图地在你身上"浪费"时间，实为珍惜。

反腐日谈自律

公历十二月九日

石灰吟

（明）于谦

千锤万凿出深山，烈火焚烧若等闲。

粉骨碎身浑不怕，要留清白在人间。

　　腐败不仅是经济问题，还是政治、社会等综合问题，它严重威胁国家的稳定，是对社会产生广泛腐蚀作用的"隐性恶疾"。腐败行为不仅破坏法治，同时也削弱政府的公信力、执行力。反腐倡廉不仅要靠法律、制度等外在制约，更需要将法律法规内化于心，最终落实到权力主体的自律上。习近平总书记多次强调：一个人能否廉洁自律，最大的诱惑是自己，最难战胜的敌人也是自己。

　　腐败不是中国独有的问题，而是在全世界范围内普遍存在的现象。德国前总统武尔夫、巴西前总统卢拉、菲律宾前总统阿罗约、意大利前总理贝卢斯科尼、爱尔兰前总理埃亨、斯洛文尼亚前总理扬沙等因涉嫌贪污贿赂或利益冲突，先后被立案调查或被判入狱，一些发达国家时常有腐败新闻爆出，贪腐就像雾霾一样笼罩在世界政坛。

《人民的名义》里有这样一个镜头，检察官在查处赵德汉私藏现金的别墅时，发现整间房子全是钱，看起来衣着朴素、廉洁勤政的赵德汉，却是典型的"小官巨腐"。艺术作品源于生活，2.3亿也不是空穴来风，我们从现实中能找到原型。赵德汉原型就是"亿元司长"魏鹏远，他被带走调查时其家中发现2亿现金，重1.15吨，有人计算，魏鹏远在近6年时间里，平均每天捞近10万元。面对钱色诱惑，有人不为所动，有人腐败不堪。俗话说，物必自腐而后虫生，苍蝇不叮无缝的鸡蛋。领导干部只有在思想上筑起牢固的防线，严格自律，才能抵御各种腐朽思想的侵蚀，才能当好人民公仆，反腐倡廉才能真正实现。

纪录片《永远在路上》和《巡视利剑》成为街头巷尾热议的话题，"大老虎"相继落网，他们从普通科员成为领导，手里权力越来越大，思想上却放松警惕。在反省自己一步步走向堕落罪恶的过程时，普遍反映出一点，就是起初从一些不起眼的小便宜、小动作、小利益开始，逐渐地放松要求，降低标准，从开始拒绝到慢慢适应，继而突破基本道德底线，忽略了党员干部的基本原则，最终陷入了贪污腐败违纪违法的境地，给国家、社会、人民造成了无法弥补的损失。在他们的忏悔中听到最多的一句话就是"放松了对自己的要求"。这句话是一个警示，手握权力，身处温床，再加上别有用心者的阿谀奉承，难免会飘飘然，如果不严于律己，理想信念慢慢缺失，道德品质逐渐滑坡，犯错迟早是会发生的。

欲望是由人的本性产生的，伴随人的成长发展，无善恶之分，关键在于如何控制。想发财没错，看怎么挣，想发展没问题，看怎么做，合情合理的欲望要在合法合规的条件下实现。"君子爱财，取之有道""官非其任不处也，禄非其功不受也"，古人已经用自己的智慧总结出警世名言。《论语》中有这样一句话："其身正，不令而行；其身不正，虽令不从。"意思就是说自我品行端正，即使不发布命令，百姓也会去实行，如若不然，即使发布命令，百姓也不会服从。正人先正己，如果当领导的都不严格要求自己，那又怎么约束下属呢，台上大谈廉洁自律，而幕后却大搞权钱交易，这是极大的讽刺，他们的身份在领导、老板、老大之间不断转换。

在观看天津市反腐倡廉警示片后，我和刚入职的同事有了一次深入的交谈，因为其中一位当事人曾为她上过党课，还在表彰会上为她颁奖，曾经年富力强的领导成了反面教材，她失落地问我"人管住自己很难吗"？我毫不犹豫地回答"难"。人最容易原谅自己，比如口口声声要戒烟，却战胜不了心理依赖，拥有一颗减肥的心，却管不住一张吃货的嘴，这种生活日常都难克服，何况真金白银。只有加强自律，让其处于主动状态，最大限度地发挥主观能动性，加强内在的约束，强化思想道德防线，提高思想道德境界，才能真正最有效地从根源处反腐倡廉。

明太祖朱元璋问诸臣"天下谁人最快活"？有人说功高盖世者，有人说位居显赫者，有人说金榜题名者，还有人说富甲一方者……他听后都不满意，大臣万钢答"畏法度者最快活"。朱元璋听后大悦。自由快乐之人，必是敬畏法度之人，而敬畏法度之人，多是严于律己之人。相反，当一部分人很难做到自律时，他律就要介入了，"把权力关进制度的笼子里"就是这个意思，让所有的人"心有所敬，行有所循；心有所畏，行有所止"。这是高压政策下的自律，更是法律保护下的自由。

自律虽然难，但是实现梦想的前提，任何成功都离不开虐心而持久的自律。如果说腐败问题与在校大学生离的还有距离，那我就看看校园里的现象。上大学时，我立志要学好英语，决定每天至少背 30 个单词，可没过几天就发现根本没那么容易，总能为自己的懒惰找到借口，一学期下来，词典的折角还是停留在"A"上。这种经历在今天很多同学身上也能找到，一出四级考场后下定决心奋斗一年，又是买资料，又是报补习班，新鲜劲一过，生活又回归到之前的状态，有同学信誓旦旦地要考研，但在宿舍看书觉得没氛围，在教室看书觉得人太多，白天看书没心情，晚上看书有点累，当"长立志"成为一种习惯，过级、考研、读博也就成天方夜谭了。个别同学总觉得学校管得太严，老师管得太多，大学是自由的地方，用得着这么多条条框框吗？是每个人都能做到遵守校规，按时上课，严格自律吗？拼命考上大学后不去上课，疯狂面试后不想工作，这样的现象不在少数，连基本自律都做不到，还谈什么自信，又奢谈什么自由。

已过中年的C罗拥有20岁的身体，运动员的体脂率通常在10%左右，他的体脂率仅有7%；运动员肌肉含量通常很难超过46%，而C罗肌肉含量为50%。逆生长的他靠的就是坚不可摧的自律。除了坚持训练，自律的他每天摄取的食物都是低糖、低脂，偶尔的放纵就是吃上几片钟爱的烤鳕鱼，队友喜欢用"瑞士手表"来形容C罗的自律，而正是如此的自律和努力，使得他的巅峰异常持久。

自律，是人生的必修课。

后 记

这是我的第二本书，结稿于自己 38 岁生日之时。

三十而立，四十不惑。我，已过而立，即将不惑。

一瓶子不满，半瓶子晃荡。我，正处在一个中间晃荡的阶段。

每年的 3 月 8 日都会写点文字，坚持了有 20 多年，字多字少是个意思，纪念过去，展望未来，回看之前的感慨，五味杂陈，今天写的就当这本书的后记吧。

一

2019 年 3 月 8 日，干了点啥，我忘记了，因为那天不是重点，重点是十天之后的 3 月 18 日，于我而言，终生难忘。作为一名辅导员代表走进了人民大会堂，并受到习近平总书记的亲切接见，握手的那一瞬间，怎么讲呢，"激动的心，颤动的手，思绪万千说不出口"。总书记对思政教师队伍如此重视，就是嘱托我们"要给学生心灵埋下真善美的种子，引导学生扣好人生第一粒扣子"。从那次会议后，我越来越坚定自己的信念，越来越执着于学生工作，守好一段渠，种好责任田。

二

2018年3月8日，结束在教育部借调工作后离开北京，写下《再见，大木仓》，对在北京的工作、生活进行了梳理，尽管我写出几篇自认为不错的网文，但那篇是我公众号里唯一一篇留言全满的文章。从陌生到熟悉，从不会到会，从想逃离到难舍，从经历到回忆，从瓶底儿到半瓶儿的升级都在那一年。北京是一个让人留恋的地方，因为有故事，所以难以忘记，难忘到只要不听《离开北京》，我都进入不了写作状态。

三

2017年3月8日，写下《妇女节里谈平等》，那年我在奋笔疾书地完成一个小目标，用一年的时间完成一件有意义的事情，在每个节日推一篇文，谈一个话题，大大小小的55个节日让我行思坐忆。节日当天，无论是处于万家灯火，还是沃野千里，无论是独自思考，还是朋友相聚，哪怕是在外旅行或酒过三巡，我都要先找个网吧或借着微醺发文后再喝掉剩下的半瓶酒，我为能按时完成自定任务感到欣慰。

四

2016年3月8日，写下《英雄帖》，从名字上看以为是江湖中的豪言壮语，其实不然，那是经过认真思考后的一篇工作日记。2016年3月9日，全国征兵宣传教育进高校活动启动仪式在学校召开，我这个半瓶水的辅导员怎么也没想到能有机会发言，面对众多的将军与领导，我哪还有心思去庆生，那晚，我想到了军训生活的点滴，想到了同学们携笔从戎的壮志，想到了退役复学的大学生士兵，想到了《那年那兔那事儿》的漫画，2016 年，我一共写下 109 篇网文。

五

2015 年 3 月 8 日，写下《对酒当歌》，以酒为线索记录了大学、研究生、入职初带班、甘肃挂职锻炼四个时间段里发生的故事。回看中国五千年的历史，就是一个酒的历史，李白有举杯邀明月的雅兴，苏轼有把酒问青天的胸怀，欧阳修有酒逢知己千杯少的豪迈，曹操有对酒当歌人生几何的苍凉，杜甫有"白日放歌须纵酒，青春作伴好还乡"的潇洒。从酒品看人品，这话一点不假，酒后形态各异，那篇文章也是我在亲眼目睹一人半瓶酒后的肆意妄为写出的。

六

2014 年 3 月 8 日，写下《时间都去哪儿了》，上小学时就喜欢看着天花板发呆，想着外面的世界有多精彩，天天盼着长大，离开学校，结果到现在还没离开，反而干得越来越起劲。时间到底去哪儿了？谁知道，不知不觉就长大了，父母不知不觉就老了，90 年的都快 30 了，何况"80 后"呢。早几年从不担心因年龄限制失去机会，如今，再有机会，首先关注的就是年龄标准了．当年龄的硬杠挡在面前的时候，真的发现那个无所畏惧的岁数不会再有了。

七

2013 年 3 月 8 日，写下《爸妈，谢谢你》，寥寥数语表达对父母的真情。父母常说，"孩子长大了，我们也老了"。怎么理解呢，在成长的道路上，没有谁比父母更操心，如今展翅高飞的我们，也远远地把父母甩在了身后。这两年我写过不少关于父爱如山、母爱如水的文字，依然肤浅，并没有感觉到文字的温暖，无法触及心灵深处，真正的长大，不是已满十八岁，不是过了而立之年，也不是娶妻生子，而是读懂父母的那个瞬间。

八

2012 年 3 月 8 日，写下《再见青春》，那年我正式跨入三十的行列，难怪都说我心态老，才 30 岁就和青春说再见了，今天回看那篇软文，当年的我是多么矫情，是多么呆萌地给自己灌"鸡汤"，不觉得无病呻吟，反而认为够深沉。生活如此精彩，何必多愁善感，30 岁正是"可劲儿造"的年龄，当年我怎么就轻易地和青春说再见呢? 成长就是从内到外的蜕变，为什么越来越多的人设置了朋友圈三天可见，多数是不想让别人看到自己过去的幼稚甚至是无知，就像我特别想删除这篇日记一样。

九

2011 年 3 月 8 日，写下《分享快乐》，那年我在甘肃挂职。我发现那几年写的文字都很酸，开头总有"又是一年，时间流逝"类似的表达，也许是词穷，实在找不到更好的段子来展现我丰富的情感。那时我没日没夜地挂QQ，就是为了更高的等级，直到现在，好友列表里也没比我太阳更多的QQ。今天，腾讯开放了注销功能，经过20年的发展，QQ逐步陷入增长停滞的境地，近年来，QQ发展的重心也放在更年轻的用户身上，厘米秀、小游戏、"百万新青年计划"，看来，越来越多"80后"用户是真的要和青春说再见了。

十

2010年3月8日，写下《28岁的男人》，今天看有点幼稚，其中有这么一句话，"直到有天我照镜子突然发现岁月的印痕已经悄无生息地爬上了面庞，我才发现已经奔三了"。我竟写出如此"精致"的一句话，这应该是当年为了艺术效果，烘托气氛夸大了鱼尾纹。后来，我把不同时期拍的一寸照片发到朋友圈，很多人说我是逆生长，这是错觉，当年虽然"杀马特"，但是真的嫩，而现在尽管"老腊肉"，但PS技术是真的高。那时候"一边说不急才二十八，一边又在心里想人生又有几个二十八"，十年过后，时间更加宝贵，工作生活，闯关升级，更要珍惜、努力。

2009年3月8日，写下……

2008年3月8日，写下……

2007年3月8日，写下……

怀旧，实为珍惜。

感谢曲建武老师、徐川老师百忙之中的作序，感谢刘潇的配图，感谢我曾经的老师，支持我的朋友，感谢所有帮助过我的人。

期待下一本书！

期待下一个十年！

责任编辑：刘敬文
装帧设计：王欢欢
责任校对：白　玥

图书在版编目（CIP）数据

有节有理：与大学生谈节日／张家玮 著 . —北京：人民出版社，2022.6
ISBN 978 – 7 – 01 – 024453 – 2

I.①有…　II.①张…　III.①节日 – 风俗习惯 – 中国 – 青年读物　IV.① K892.1-49

中国版本图书馆 CIP 数据核字（2022）第 013455 号

有节有理

YOUJIE YOULI

——与大学生谈节日

张家玮　著

人民出版社 出版发行
（100706　北京市东城区隆福寺街 99 号）

中煤（北京）印务有限公司印刷　新华书店经销

2022 年 6 月第 1 版　2022 年 6 月北京第 1 次印刷
开本：710 毫米 ×1000 毫米 1/16　印张：16.75
字数：208 千字

ISBN 978 – 7 – 01 – 024453 – 2　定价：50.00 元

邮购地址 100706　北京市东城区隆福寺街 99 号
人民东方图书销售中心　电话（010）65250042　65289539